怎么看 怎么干

形势任务面对面

（2018）

山钢股份莱芜分公司党委宣传部 编

北 京
冶 金 工 业 出 版 社
2019

图书在版编目(CIP)数据

怎么看　怎么干　形势任务面对面．2018／山钢股份莱芜分公司党委宣传部编．—北京：冶金工业出版社，2019.4

ISBN 978-7-5024-8106-3

Ⅰ．①怎…　Ⅱ．①山…　Ⅲ．①时事政策教育—中国—学习参考资料　Ⅳ．①D643

中国版本图书馆 CIP 数据核字(2019)第 060941 号

出 版 人　谭学余
地　　址　北京市东城区嵩祝院北巷 39 号　邮编　100009　电话　(010)64027926
网　　址　www.cnmip.com.cn　电子信箱　yjcbs@cnmip.com.cn
策　　划　任静波　责任编辑　夏小雪　美术编辑　彭子赫
版式设计　孙跃红　责任校对　郑　娟　责任印制　李玉山
ISBN 978-7-5024-8106-3
冶金工业出版社出版发行；各地新华书店经销；三河市双峰印刷装订有限公司印刷
2019 年 4 月第 1 版，2019 年 4 月第 1 次印刷
169mm×239mm；16 印张；262 千字；244 页
45.00 元

冶金工业出版社　投稿电话　(010)64027932　投稿信箱　tougao@cnmip.com.cn
冶金工业出版社营销中心　电话　(010)64044283　传真　(010)64027893
冶金工业出版社天猫旗舰店　yjgycbs.tmall.com

前　言

春华秋实，岁物丰成。

2018 年，是山钢股份莱芜分公司发展历程中极不平凡的一年。这一年，干部职工团结奋斗，助力经营绩效取得历史性突破，谱写了钢铁事业的新辉煌。在深化精益运营、提速改革转型的道路上，各级党群组织画出最大同心圆，唱响改革发展主旋律，利用“形势任务微讲坛”载体，搭建“面对面”交流平台，架起干群互动的“连心桥”，凝聚了推动企业改革发展的强大力量。脍炙人口的宣讲作品，多样化的传播途径，简练、快捷、新颖、有趣的教育形式，受到了广大干部职工的喜爱，彰显了思想政治工作的强大优势，为企业行稳致远提供了重要保证。

为展示成果、共享经验，提高形势任务教育水平，山钢股份莱芜分公司党委宣传部组织开展了 2018 年度“形势任务微讲坛”优秀宣讲材料评选，汇编成《怎么看、怎么干，形势任务面对面（2018）》。

由于水平有限，书中难免会有疏漏和不妥之处，敬请批评指正。

本书编委会

2019 年 3 月

目　录

形势任务篇

观念转变篇

质量提升篇

深化改革篇

精益运营篇

责任担当篇

形势任务篇

XINGSHI RENWU PIAN

开启新征程　走在最前列

公司党委宣传部

执笔人：于泉友　王玉军　刘佳宝　张亚杰　翟世广　许 兵　薛升波

2018来了，企业改革发展的新征程开启了。山钢年度工作会议提出，今年是全面落实山钢第一次党代会精神的开局之年，是实施新旧动能转换三年行动计划攻坚之年，是全面深化改革转型升级突破之年，是推进钢铁产业做强做优做大关键之年，决定着建设魅力山钢两步走战略能不能良好开局，决定着山钢集团“跻身全国钢铁强企前列”目标能不能如期实现。实现做强做优目标，支撑新旧动能转换，是钢铁产业的历史责任和光荣使命。公司二届三次职代会上，提出要加快新旧动能转换、深化企业转型升级、向着做强做优钢铁产业的宏伟目标不懈奋斗，公司党委在主题系列活动中明确提出“魅力山钢走在前、做强做优更精益”的号召，提出了具体措施和任务目标要求。站在由求生图存到做强做优的新起点上，为教育引导干部职工把握新形势、达成新共识，砥砺前行、奋发有为，在新旧动能转换和魅力山钢建设的新征程中走在最前列，推动企业改革发展实现新突破，保证全年各项任务目标完成，特编发“开启新征程、走在最前列”系列微讲坛材料。请各单位结合实际，抓好学习教育，最大限度地统一思想认识、破除思想羁绊，为魅力山钢建设、做强做优钢铁产业奠定坚实的思想基础，凝聚起完成全年任务目标的最强力量。

2018，形势任务怎么看

“知己知彼，百战不殆。”意思是说，在军事战争中，既了解敌人，又了解自己，百战都不会有危险。这句话同样适应于市场经济条件下的企业。我们只有对企业面临的内外部环境、任务目标等客观情况严谨分析、全面把握，加快战略部署，积极主动应对，才能确保立于不败之地。

2018 年，企业外部面临哪些严峻挑战？自身还存在哪些问题？有何历史机遇和有利条件？我们又应该以怎样的心态面对？简言之，这一年既有许多有利条件，也面临很多艰巨任务，机遇大于挑战。公司总经理罗登武号召我们：“既要充分估计面临的困难，未雨绸缪，沉着应对，又要看到有利条件，坚定做好各项工作的信心和决心，乘势而上，砥砺前行，干出新作为，不负新时代。”

认清挑战，思危思进。站在新起点，我们要看清楚摆在面前的困难和挑战，激发不断前行的更大动力。从宏观环境分析，国际经济环境更加复杂，经济增长动能不足，全球贸易保护不断加剧；我国经济增长对于钢材消费的带动作用逐步减弱，钢材消费强度下降明显。从市场形势看，环保因素对行业发展带来深刻影响，企业运行成本大幅提升；清理“地条钢”等去产能措施没能从根本上改变供大于求的局面。从内部条件看，设备失修、环保限产、市场波动等因素相互交织，改革发展任务繁重，人员老化、骨干不足、结构性矛盾突出，企业经营发展受到很大制约。我们要清醒地认识面临的挑战，做好充分的思想准备，思危思进、化危为机。

把握机遇，坚定信心。新的一年，有挑战更有机遇。发达经济体和新兴经济体需求复苏，国内经济仍将保持增长态势，钢铁需求将保持适度规模；我国取消钢材等产品出口关税，供给侧结构性改革不断深化，阶段性环保限产等都将对钢铁价格形成有力支撑。我们在改革发展过程中积累了丰富经验，打造了很多比较优势，锤炼了一支高素质队伍，为战胜各种困难提供了重要保障。在刚刚过去的2017年，我们在各方面都取得了令人瞩目的成绩。这些历史机遇、内在优势和巨大成就，为我们走好新征程奠定了坚定信心，注入了强大力量。信心在，希望就在。只要我们信念如一、执着努力，扎扎实实地把企业的战略、措施、任务落实到岗位，生产经营各项任务、做强做优的目标就一定能实现。

明确任务，勇于担当。加快新旧动能转换，建设魅力山钢、做强做优钢铁产业、打造精益钢铁新优势等新战略的提出，以及“公司销售收入619亿元，实现利润36亿元”等任务目标的制定，让我们为之振奋又深感责任重大。责任面前勇于担当，是一名优秀职工应具有的素质。我们要树立与企业同呼吸共命运的强烈意识，勇于负责、敢于担当，在推动企业改革发展中实现自身价值，做出不平凡的业绩；要增强时不我待的紧迫感、舍我其谁的责任感、不负众望的使命感，主动揽责、主动作为、主动求变，在责任落实上实现创新突破；要按照既定的任务目标，立足岗位扎实工作，持续在落实企业各项措施、改善运营绩效上下功夫，为企业改革发展贡献智慧和力量。

2018，新旧动能怎么转

对传统产业的钢铁行业来说，新旧动能转换成为企业转型升级、凤凰涅槃的重大机遇。莱芜分公司作为山钢做强做优钢铁产业的主战区，必须抢抓新旧动能转换的重要契机，按照山钢《新旧动能转换三年行动计划》，积极培

育发展新动能，改造提升传统动能，实现增量崛起与存量变革的协同并举，形成新的增长动力源，推动企业发展更具活力、更有效率、更可持续。

新旧动能转换，需要提升传统动能。改造提升传统动能，是新旧动能转换持续的关键所在。我们要聚焦存量变革发力突破，大力推动工艺装备升级和系统配套完善，赋予传统动能“新生命”。加快推进老区系统优化升级改造项目，统筹策划各产线提质增效方案，全力推进布局优化、装备升级，实现装备现代化、布局合理化、管理信息化、制造智能化。聚焦短板瓶颈，在高炉经济运行、钢水洁净度、低温轧制等生产工艺实现新提升。

新旧动能转换，需要发展智能制造。智能制造为加快新旧动能转换提供了重要依托和强大动力。日前，山钢集团与阿里巴巴集团签署了合作协议，应用阿里云的人工智能、云计算技术促进生产工艺优化、能耗降低和技术创新，为我们探索智能化转型新模式搭建了良好平台。我们要把智能制造作为贯彻《中国制造 2025》的重要突破口，推进传统装备与“互联网+”“大数据+”有机跨界融合，开展智能工厂、数字化车间的集成创新，打造智能化、信息化的现代钢铁企业。

新旧动能转换，需要加强科技创新。科技创新是新旧动能转换的关键，也是引领发展的第一动力。山钢集团党委书记、董事长侯军到莱芜分公司调研时指出，要加强科技创新，聚焦“品种+质量”，强化产业精度和产品集中度，提升高端产品比重。我们要加强科技创新，加大科研投入，加强人才队伍建设，建立充满活力、全面开放、面向市场的科技创新体系。加快产品提档与品质升级，围绕高技术船舶、海洋工程装备、航空航天等重点领域所需高端钢材品种的研发和产业化，打造具有较强影响力的品牌产品。

新旧动能转换，需要坚持绿色发展。绿色发展，是新旧动能转换的基本要求，也是实现可持续发展的必由之路。山钢第一次党代会提出，要坚持走生态道路，以钢铁产业为重点，建设绿色产业链，打造生态产品品牌。我们要以低碳绿色发展理念为引领，深化节能减排，提高环保水平，持续加强绿色工厂、清洁生产环境友好企业建设。应用先进节能环保技术，强化污染物排放控制措施，加快构建高效、清洁、低碳、循环的生产体系。

我们要以更加高昂饱满的精神状态，务实高效的工作作风，在新旧动能转换上出实招下功夫，加快释放新旧动能转换的蓬勃生机与活力，谱写转型发展、做强做优的新篇章。

2018，精益钢铁怎么建

站在做强做优钢铁产业、实现跻身钢铁强企前列的新征程上，我们吹响了打造精益钢铁的号角。公司二届三次职代会闭幕式上，总经理罗登武强调要“持续深化精益运营，全力打造精益钢铁”，并明确指出，这是我们持续推进“运营转型、精益管理”所追求的重要目标。

新时代，需要精益钢铁。三年多来，我们在应对市场危机、降本增效、提升竞争力的过程中，取得了显著成效，不断向做强做优目标迈进。成绩来之不易，得益于精益思想的引领、改善行动的实施。要乘胜追击，按照“五深化、五支撑”的布局要求，固化经验成果，细化工作措施，强化薄弱环节，塑造精益钢铁优势。

打造精益钢铁，要深化认识，提升能力。深化精益文化建设，让精益文化内化于心、外化于行、固化于制，贯穿融入到企业生产经营的所有过程、所有环节，深深根植于日常思维和行为中，以强大的内在动力推动企业迈向精益钢铁。以“五大理念”“六种能力”“五种意识”等理念、要求为指引，引领基层职工转变观念，增强精益意识，养成良好的精益行为习惯。倡导实践，融汇贯通运用精益工具方法，提高发现问题、改善工作的能力，形成持久改善的动力。

打造精益钢铁，要有的放矢，持续改进。在资源整合、专业融合、管理提升上下功夫，着力构建更加精益的专业管理模式。以改善“造血机能”为导向，加快设备、能源、质量、安全、基础、生产等专业模块的试点落地，促进模块管理与现有管理体系、标准的有效衔接，实现专业管理模块化、模块管理标准化。严格控制专业模块试点数量，保证落地质量，推动方法论与企业管理深度融合，形成具有精益特质的管理体系，推动管理水平不断提升。持续完善内部市场化运行机制，积极推进干部契约化管理，充分调动各层级职工积极性和创造性，实现价值创造，促进管理提升。

打造精益钢铁，要目标导向，精益求精。围绕全年36亿元的利润目标和10亿元的挖潜指标，我们必须全力以赴挖潜增效。持续开展产线系统对标，建立以问题为导向的内外部对标常态机制；按照“两个挂钩、三路并进”的总体推进思路，全力攻坚“5+7+*N*”项目，实现产效新突破。完善业绩对话机制，提高跨部门协同运作效率，形成项目推进合力，确保各级项目快速落地，获取落袋效益。

打造精益钢铁，任重道远。要坚定不移、持之以恒地走下去，努力把各项措施落到实处，持续深化精益运营，向着做强做优钢铁产业、“跻身全国钢铁强企前列”的宏伟目标奋勇前进。

2018，深化改革怎么干

深化改革，是莱芜分公司实现转型发展、做强做优的必由之路，是决定前途和命运的关键之举。公司二届三次职代会提出，要以更大的决心和力度推进改革，为企业转型发展注入蓬勃生机与恒久动力。我们必须以更大的决

心和力度，推进深化改革，走出一条更高质量的发展之路。

持续深化改革，必须持续加力。山钢年度工作会议指出，改革是发展的动力源，任何时候都必须做到势头不弱、力度不减。回顾企业发展历程，改革是我们大踏步赶上时代的重要法宝，是企业保持生机活力，实现科学发展的关键。一路走来，我们坚持改革转型，实施内部市场化运营、干部契约化管理、分配制度变革等，激发了发展活力，实现了绩效提升。但也应清醒地看到，企业生存危机警报仍未解除，不深化改革就没有出路。只有义无反顾推进改革，彻底打破制约发展的体制机制障碍，我们才能赢得发展的先机。

持续深化改革，必须抓住关键。面对改革的复杂形势和繁重任务，只有牵住"牛鼻子"，抓好重要领域和关键环节，才能以重点突破撬动全局，更好发挥改革牵引作用，实现"一子落而满盘活"。侯军董事长到莱芜分公司调研时指出，促进改革落地，必须抓核心、抓重点。我们要坚持问题导向，把改革与提质增效、转型升级结合起来，牢牢抓住牵一发而动全身的关键，精准发力，以局部的重点突破，带动整体的深层推进。以"三定"和竞争上岗为契机，持续优化机构设置和人员结构，向着人均产钢1000吨的目标努力。完善内部市场化运行机制，逐步扩大试点范围，激发管理活力。推进干部契约化管理，建立干部能上能下、员工能进能出的人力资源动态管理模式。

持续深化改革，必须敢于担当。大事难事看担当，逆境顺境看襟度。山钢第一次党代会要求，各级党员领导干部要强化担当意识，全面增强学习本领、改革创新本领、科学发展本领等，以"宽肩膀"担当，以"真本领"成事，坚定不移支持改革，义无反顾推进改革。一直以来，莱芜分公司的干部职工都是改革最坚定的支持者、参与者和担当者，与企业同呼吸、共命运，唇齿相依、不离不弃，是最可爱最可敬最可信的战斗群体，是企业近半个世纪积累起来的最宝贵财富，也是企业不断前行的最强劲动力。在改革的关键时刻，我们要继续发扬敢于担当的精神，自觉拥护和支持改革，树立迎难而上的信心，坚定改革必成的决心，义无反顾投身改革大潮中，以钉钉子精神推进改革实现新突破。

改革，关系企业前途命运，关系我们切身利益，只要我们以坚定的信念、务实的作风、担当的精神，横下一条心，铆足一股劲，扎实推动改革走向深入，就一定能实现企业做强做优的目标。

2018，绿色发展怎么办

党的十九大报告对生态文明建设和环境保护工作提出了新的更高要求，彰显了保护生态环境的鲜明态度和坚定决心。在公司二届三次职工代表大会上，总经理罗登武明确指出，要积极适应节能环保新形势，牢固树立“环保优先、绿色发展”理念，在补齐短板、强化管理、达标排放、能效提升上下功夫，妥善化解环保风险，确保不出现任何问题。加强环保建设不仅是造福职工的惠民工程，也是建设魅力山钢、履行社会责任的重要组成部分，需要我们齐心协力、共同担当，践行绿色发展理念，坚持不懈走好绿色低碳可持续发展的道路。

践行绿色发展，要在环境保护管理上下功夫。强化底线思维、红线意识，从严从实抓好环保工作。准确把握环保新标准、新要求，结合产线生产特点和区域特性，系统策划实施环保提升方案。加强环保设施运行和维护管理，保持环保设施有效运转，确保在线监测数据稳定达标；积极开展针对废气、废水、废弃物处理设备设施的优化改造，进一步提升环保设备的运行效率，为实现达标排放奠定坚实基础。严格执行相应的管理制度，杜绝私自停止运行环保设施和环保设备“久病不愈”等现象，为节能环保、清洁生产保驾护航。

践行绿色发展，要在提升资源利用效率上下功夫。提高能源利用效率不仅可以减少能源消耗、降低生产成本，同时也可以为降低“三废”排放提供有利条件。具体来说，就是要守好两道关。收紧资源“进口关”，充分发挥好“精益管理，能效提升”活动作用，进一步加大节能降耗方面的创新攻关，积极研究和应用高效、低耗生产的新工艺、新技术，进一步降低水、电、煤气等资源的使用量，拓展能源增效新空间。把好废物“出口关”，围绕减少废弃物排放，积极开展“利废”攻关，深入挖掘废弃物的利用价值，做到既能减排、又可增效。

践行绿色发展，要在强化环境综合治理上下功夫。优美的厂区环境不仅是企业良好形象的体现，同时也是每一名职工的“隐性福利”。因此，每一名管理者、每一名职工都应该以建设美好厂区环境为己任，自觉主动的投身厂区环境综合治理各项工作中，积极践行清洁生产，落实环境突出问题整治措施，努力改善厂区社区环境。同时，认真做好厂区封闭管理和区域环境绿化美化，为建设天蓝、地绿、水净、气清的美丽家园贡献自己的力量。

2018，思想观念怎么变

侯军董事长在调研莱芜片区时提出，“要清醒认识到，与自己相比取得了很大进步，但与先进钢铁企业相比仍有差距和改进空间。希望莱芜片区继续加大改革力度和推进速度，取得更大改革成效；进一步改变传统思维，继续推行先进精益运营理念；要有更高的目标和更高层次的追求。”这般殷切要求，正是向全体职工发出思想转变的号令。

思想是行动的先导，有怎样的观念，就会成就怎样的格局。所以，解决好思想认识问题，就是解决好方向和动力问题，就是解决最根本性的问题。那么，我们的思想观念应该如何转变？从山钢集团公司领导到莱芜分公司领导都给出了明确的要求。

实现思想观念转变，要解放思想。打破习惯势力和主观偏见的束缚，研究新情况，解决新问题。要通过不断学习，提升自己的思想境界，通过学政治理论，提高自己的思想政治素质；更为关键的是还要学习业务知识，提高业务水平，将思想与行动统一起来。要不断增强时不我待的紧迫感，加快行动、只争朝夕、主动作为，时刻保持昂扬向上、奋发进取的良好状态，切实把各项决策部署变成干事创业的自觉行动，向着更高更远的目标，付出更为艰苦的努力，推动各项工作实现更大突破。

实现思想观念转变，要保持清醒头脑。要理解“工作从哪里着手，应该怎么办”的深刻含义。善于思考，提高思考能力，正确认清形势，把握好大局，妥善处理好矛盾。以舍我其谁的责任感，勇于担责、敢于负责、忠诚履责，在深化改革中勇挑重担，在转型发展上砥砺进取，积极培育发展新动能，努力让各种要素活力竞相迸发，让一切创新智慧充分涌流，推动企业在新征程上实现更好发展。

实现思想观念转变，要勇于实践。要放下身段，破除旧观念，脚步达不到的地方，眼光可以达到；眼光达不到的地方，思想可以达到。增强不负众望的使命感，登高望远、居安思危、持续改进，困难面前不懈怠，挑战面前不退缩，机遇面前不犹豫，全力以赴打造新优势，凝心聚力实现新发展，才能肩负起做强做优钢铁产业的重托，不负新时代的责任和使命。

2018，使命责任怎么担

踏上新征程，目标催人奋进，振奋人心。作为“魅力山钢”的建设者，我们要牢记职责使命，在绘就魅力山钢的征程中不掉队，在奋斗实现钢铁强企前列的道路上大有作为，这是我们义不容辞的责任和担当。

精益求精促担当。担当尽责不分岗位、不限具体从事的工作。作为企业中一员，每个人的岗位不同，但是担当尽责的要求和追求是一样的。精益管理是当前和今后一个时期，公司所有工作活动的总抓手，作为企业的职工必须要在运营转型、精益管理中有担当，秉承精益求精的工作态度、怀有敬畏工作的神圣思想，努力做好本职岗位的每一件事，以精益管理激发担当精神升华。要有工匠精神，每名职工就是自己岗位上的工匠，必须要树立做“工匠”的追求，不能满足于做一个“匠人”停留于“过得去”，要把手中的工作当作一件艺术品，精工细作、精雕细琢，用追求完美的心态对待工作，在精益求精的履职尽责中彰显自己的担当。

作风过硬显担当。“严、细、实”虽然是老话，但是却需要经常讲、经常谈，作风“严、细、实”，工作才能扎实，改革的举措多，奋斗的进程困难多，必须要求我们具有“严、细、实”的工作作风和意识。蜻蜓点水、表面文章不行，好高骛远、盲目蛮干不行，投机取巧、急功近利更不行。那种不顾实际、不讲方法，想一出是一出，不仅成不了事，还会坏事。“严、细、实”作风是我们干好工作的传家宝，是我们攻坚克难，实现公司从做强到做优、跻身国内钢铁行业前列的保证。“严、细、实”的工作作风永远不会过时，只会在我们一代又一代钢铁人的履职担当中日久弥新，焕发更强大的生命力。

突出实效验担当。担当不是蛮干，是科学、理性的行动结合体，检验一个人能不能担当、是不是担当，不仅是想干事、敢干事，关键是能干事、干成事，不是嘴上说担当就是担当，而是要以实际绩效结果来检验担当成果。绩效是检验担当成色的试金石，规划的蓝图再宏伟也要从一点一滴去做起，尽责担当就要真正看看应该落实的工作、需要达到的指标、必须办好的事，有没有达到目标、有没有见到实效，用实实在在的工作绩效来验证担当的成色。

从胜利走向胜利，开创企业高质量发展新局面

公司党委宣传部
执笔人：于泉友 王玉军 刘佳宝 张亚杰

2018 年 7 月 16 日，山钢股份莱芜分公司召开半年工作会议，系统总结工作、明确工作思路，全面部署任务。面对 29.7 亿元的利润指标，我们应该如何对待成绩、正视自己、直面未来，推动企业开创高质量发展新局面？为了帮助职工深刻领会会议精神，冷静面对成绩、客观分析形势、凝聚思想共识，共同把“加快动能转换、推进做强做优”的事业推向前进，保证全年任务目标完成，为企业高质量发展贡献力量，公司党委宣传部组织编写系列形势任务教育材料（共 5 篇）。请各单位结合自身实际，认真抓好学习教育，确保半年会议精神入脑入心，统一认识、统一步调、统一行动，把公司的决策部署转化成岗位实践，实现企业生产经营建设改革发展的新跨越。

是的，我们赢了

短短 6 个月，实现利润 29.7 亿元，同比增加 22.9 亿元，创出历史最好水平。与此同时，各项经营指标均超额完成山钢集团下达的目标要求。

面对共同用汗水浇灌的胜利果实，回首在持续多年的危机、困境中艰难跋涉的奋斗历程，此刻，每一位干部职工都有理由眼含泪水而又豪情满怀地高喊：“我们赢了！”

是的，我们赢了。纵观过去的半年，在广大干部职工的团结奋斗、戮力拼搏之下，生产经营、提质增效、精益运营、改革创新等各个领域的工作，都保持了高效平稳顺行，实现了企业高质量发展的良好开局。

产量提升潜能充分释放。坚持以炼铁稳产高产、炼钢高效生产、轧材结构优化为重点，积极应对设备集中年修带来的不利影响，切实把现有产能发挥到极致。炼铁工序深度挖掘高炉增产潜力，生铁日产达到了33000吨以上；炼钢工序累计消化废钢55.7万吨，为轧材产能释放创造了条件；轧材工序全力保障高效产线、高效产品满负荷生产，资源配置能力大幅增强。完成以4号1080m^3和2号1880m^3高炉大修改造为主线的两轮年修，设备运行总体平稳。

提质增效更上一层楼。严把原料采购、炉料优化、指标提升等关键环节，深度挖掘增效潜力，吨铁成本领先行业平均135元，较上年优势扩大60元；冶金辅料降本3000万元以上；优化原燃料付款方式，降低采购成本1.4亿元；累计可比成本降低3.3亿元，降低率2.31%。狠抓品种优化和价格增效，产品质量档次大幅提升。累计开发新产品37项，对比增效7773万元；累计结构优化增效1.4亿元，折合吨材增效27元。

精益运营向深层次拓展。按照“固化、细化、强化”的工作要求，确定“5+6+*N*”精益管理项目管控架构，深度挖掘改善潜力。降低生铁综合成本、钢产量提升两个关键项目完成进度目标，公司级重点管控项目实现对比收益近9亿元。组织开展3次现场诊断，挖掘现场改善潜力9000万元；扎实开展深度对标，先后到安阳钢铁等企业对标交流，发现改善潜力34项；专业模块建设全面落地。

改革创新持续推进。修订完善各类规章制度，把党的领导全面融入企业治理，制度体系更加科学完善；全面风险管理不断加强，风险防控水平得到

提升；“三定”及竞争上岗工作稳步推进，公司中层干部竞岗全面完成；持续优化岗位设置和人员配置，实现山钢下达的劳产率任务目标；职业发展通道更加完善，形成了管理、技术、操作“纵向贯通、横向联通”的发展路径；薪酬制度改革稳步推进；内部市场化运营持续深化。

我们的胜利是全方位的、历史性的，是企业正确决策和广大干部职工共同努力的结果。事实证明，无论环境再恶劣、形势再复杂、任务再艰巨，我们这支钢铁队伍都有信心有能力把企业发展好、把家园建设好。

然而，我们不能被今天的胜利消磨了斗志，因为还有新的挑战、新的征程、新的任务在前方，让我们背起行囊、继续前行，从胜利走向新的胜利！

我们赢在哪里

回顾利润近30亿元的“期中”成绩单，背后的原因值得每一位干部职工深思。那么，我们赢在哪里？

赢在科学布局。我们以习近平新时代中国特色社会主义思想为指导，认真学习党的十九大精神，贯彻落实新发展理念，加快新旧动能转换，推动“存量变革”，破除制约发展的根本性问题；坚定不移地走内涵式发展道路，坚持绿色发展，打造精益钢铁，增强了企业的内生动力。加大价值创造力度，实施“品种+质量”的产品战略规划，推动产品向中高端市场迈进，正面回答“当吨钢利润回到200元常态时，我们怎么办”的命题，提高了企业综合竞争力。

赢在同心同力。紧紧围绕公司职代会提出的任务目标，干部职工坚定信心、直面挑战，抢抓市场机遇，统筹谋划应对措施，攻坚克难，全力以赴提产增效，继续保持了企业健康发展的新局面。面对转型发展新形势，不畏艰难、顽强奋战，努力解决实际问题，谱写了同心协力共谋发展的新篇章。党的建设与生产经营结合更加紧密，主题系列活动、各类劳动竞赛活动蓬勃开展，思想引领、岗位建功，“主人翁”作用更加凸显，企业发展面貌和职工精神风貌焕然一新，改革发展潜力得以充分释放。

赢在管理变革。坚持“运营转型、精益管理”总抓手不动摇，驰而不息，久久为功。按照“五深化、五支撑”的总体要求，全面深入开展产线对标、现场诊断活动，全面推动专业模块建设，狠抓全员精益能力提升培训，推动企业向深层次精益运营迈进。各级组织加大理念引领、工具运用、案例推广等工作力度，强化能力提升，培养精益运营骨干，引导职工形成了标准化作业的思维习惯与行为自觉，营造了浓厚的精益文化氛围，增强了自主改善的能力。“5+6+*N*”精益管控项目扎实有效推进，取得了显著的落袋效益。

赢在作风转变。按照“细、实、严、高、精、效”要求，以“大学习、大调研、大改进”为统领，融入贯穿到党的建设、生产经营、企业管理、作风建设等工作中，强化理论武装，主动联系实际，找到制约发展的主要问题，落实推进破题的有效方法，取得了一项又一项重大突破，推动各项工作实现了大提升。党员干部知敬畏、存戒惧、守底线，自觉增强纪律规矩意识，主动发挥主心骨、领头雁作用，团结带领干部职工，积极投身企业改革发展实践，形成了干事创业、共谋发展的强大合力。

成绩只能代表过去，未来仍然任重道远。高质量发展目标不是轻轻松松、敲锣打鼓就能实现的，需要付出更为艰巨、更为艰苦的努力。继续发扬“钉钉子”的精神，锲而不舍、持之以恒，我们的目标一定能实现！

站在胜利的新高地上

站在胜利的新高地上，踏上实现高质量发展新征程，我们翘首远望，在看到各方面有利条件和积极因素的同时，还要看到前路并非一马平川，困难挑战依旧相伴，切不可掉以轻心，放松警惕。

从宏观上看，经济形势异常复杂，中美贸易战正式开打，引发商品市场紧急避险情绪，期货市场一度出现跳水行情。同时，进入高温多雨等季节性弱势行情，钢铁市场形势不容乐观，总体产能过剩形势依然严峻，下行压力较大，整体需求有限。国家统计局近日发布的数据显示，6月份我国粗钢产量8020万吨，同比增长7.5%，日均产钢量高达267.3万吨，在4月、5月连创新高的基础上，刷新历史最高值。环保政策进一步趋严将抑制钢铁产量释放，资源环境约束加大，对行业转型发展提出新的更高要求。从企业内部看，全面深化改革持续推进，公司新旧动能转换项目实施提上日程，“存量变革”已经进入实质性阶段。做强做优正逢机遇，实现高质量发展需要各方支持共同努力，保证各项工作得到有效落实。

在形势复杂多变、竞争日趋激烈的今天，机遇可遇难求、稍纵即逝。这就要求我们不断增强紧迫感，及时发现机遇，准确把握和利用机遇，否则就很可能丧失机遇，丢失发展的主动权。同时，外部不确定因素明显增多，企业发展仍然面临着大量深层次的矛盾和问题，向我们提出了不容回避的挑战，需要增强危机意识。缺乏危机意识或弱化危机意识，会让人安于现状，产生错觉，等待观望、犹豫迟疑，甚至面对繁重任务，紧张厌烦、浮躁不安，静不下来、沉不下去。种种前车之鉴告诉我们，保持应有的危机感，才能在面对未知事物时，带给自己更多的安全感，做到防患于未然，掌握更多的主动权。我们是企业发展的建设者与参与者，每个人必须树立全局意识和大局观念，切实增强危机意识，提高抵御危机的能力；必须充分认清所面临的形势，认真贯彻落实公司工作部署，以持续提高质量和效益为目标，狠抓工作落实，积极应对严峻挑战。

创业容易守业难，容不得我们半分懈怠。让我们倍加珍惜今天的胜利，保持成大事者应有的静气，以“等不起”的紧迫感、“慢不得”的危机感、“坐不住”的责任感，继续担当作为，攻坚克难，为做强做优钢铁产业、实现企业高质量发展作出新的更大贡献。

肩负责任继续前行

虽然上半年取得了较好的绩效，但是我们不能沾沾自喜，过于轻松。公司党委书记、总经理罗登武强调：“以更高的政治站位、更强的责任担当、更实的工作举措，全力以赴提升经营绩效，持续深化企业转型升级，不断开创发展的新局面。”我们要坚定信心，勇担责任，为全面完成全年任务目标继续努力。

认清形势，增强责任意识。有了责任，我们才会努力奋斗；有了责任，我们才会保持工作热忱。在看到上半年取得成绩的同时，我们更要看到自身思想观念、精神状态、工作能力的差距，特别是有的工作标准不高、责任意识不强。唯有勇于担责、主动作为，切实把各项决策部署变成干事创业的自觉行动，向着更高更远的目标，付出更为艰苦的努力，才能推动各项工作实现更大突破。唯有不断增强舍我其谁的责任感，把高标准履职尽责作为基本要求，在深化改革中勇挑重担，在转型发展上砥砺进取，积极培育发展新动能，努力让各种要素活力竞相迸发，让一切创新智慧充分涌流，才能推动企业在新征程上实现更好发展。

坚定信心，勇于责任担当。简单地说，担当就是承担并负起责任，是人们在职责和角色需要的时候，毫不犹豫地挺身而出，全力以赴履行义务，并在承担义务当中激发自己的全部能量。公司半年工作会议对目标进行再明确、措施进行再细化，无论在什么岗位、承担什么职责，我们都要勇于担当责任，做到日常工作能尽责、难题面前敢负责、出现过失敢担责。各级领导班子尤其是班子主要负责人，要切实担负起抓班子、带队伍的重要责任，注重调动班子成员的积极性，团结一致干事业，聚精会神抓落实。要发挥先锋模范作用，用更高标准推动改革举措，勇于责任担当，狠抓工作落实；要按照既定的任务目标，立足岗位扎实工作，持续在落实企业各项措施、改善运营绩效上下功夫，为企业改革发展贡献智慧和力量。

厘清边界，严格责任追究。“国家兴亡，匹夫有责。”这“责”就是责任，就是每个人自觉地把分内事做好。大到部室、二级单位，小到班组、个人，每一项工作的落实，都要明确目标要求，将责任清单细化到位，厘清责任边界，通过问责强化落实，切实促进主体责任落地。要以扎实推进“大学习、大调研、大改进”工作为契机，严格落实安全各项工作责任制。要明确责任分担，避免责任分摊，积极鼓励主动承担责任的干部职工，避免干好干坏一个样，真正将责任落实到合适的人肩上。

任何一项伟大的事业，从来不是一蹴而就的。肩负新使命、踏上新征程，只有切实做到“责任过硬”，才能锻造更多勇于担当的宽厚肩膀，从而不断激荡新气象、成就新作为，肩负起做强做优的历史重任。

打好关键战役夺取新的胜利

下半年，企业面临的任务依然繁重、挑战仍旧艰巨，容不得我们松口气、歇歇脚，必须以只争朝夕的精神状态继续前进，以“运营转型、精益管理”为总抓手，持续加大力度，打好关键战役，努力提高运营质量和效益，推动企业实现更高质量发展。

打好动能转换战役，夺取产品创效新胜利。按照《新旧动能转换三年行动计划》，加快实施产线智能化改造，扩大数字化车间、智能工厂试点范围；大力推进省智能制造示范项目，高质量建设宽厚板钢轧一体化智能制造示范生产线。聚焦“品种+质量”主攻方向，加快研发一批有自主知识产权、较高

附加值、市场竞争力强的新产品。加快特钢中型轧钢生产线升级改造及 AGPP 项目批量生产设备适应性改造等项目；继续开展“质量强化年”活动，提升质量管理水平与品牌竞争力。

打好生产组织战役，夺取系统稳定顺行新胜利。强化生产组织与资源平衡调配，加大攻关力度，在高炉持续稳产高产、炼钢产能极限发挥、能源介质高效利用等方面实现新突破。加强产销平衡衔接，统筹优化产线产量与品种结构。强化设备管理，扎实开展“查隐患、强管理、保稳定”设备改善活动，筑牢设备稳定运行基础。严格落实安全生产责任制，扎实开展“鉴事故、强管理、重治理”安全生产专项行动，提升安全管理绩效。

打好精益运营战役，夺取运营绩效改善新胜利。按照“五深化、五支撑”的总体思路，继续在固化经验成果、细化工作措施、强化薄弱环节上下功夫，努力向更深层次推进精益运营。加大现场诊断力度和改善项目推进力度，继续抓好专业模块建设、能力提升和精益文化培育，形成持久管理改善的能力。

打好降本增效战役，夺取成本竞争新胜利。加大采购源头控制，加强与营销单位对接，统筹考虑炉料结构与采购结构优化，降低采购成本。严控工序成本，做细做实深度对标工作，挑战成本极限。降低物流成本，推进智能物流信息系统建设，提高物流精益管控能力。继续从严从紧加强费用控制，加快推进公务用车改革。

打好环保治理战役，夺取绿色发展新胜利。加强环保设施运行和维护管理，确保在线监测数据稳定达标。加快实施《环境深度治理实施方案》，满足《山东省区域性大气污染物排放标准》第四时段排放限值目标要求。着力推进焦化废水深度处理和焦炉煤气脱硫废液提盐项目，加强污水处理和废水排放监督监测，实现废水治理与循环利用新突破。开展环境隐患排查和风险评估，提高环境应急能力和风险管控水平。加大环保经济责任制考核和环保问责追责力度，推动环境保护、污染治理再上新水平。

打好深化改革战役，夺取管理优化新胜利。以“三定”和竞争上岗为契机，建立健全管理、技术、操作三支队伍成长机制，实施新的岗效工资套改，健全劳动、知识、技术、管理等要素分配机制。持续优化机构设置和人员结构，向着全员劳动生产率人均1000吨钢的目标努力。调整改进QESEn等管理体系，深化内部市场化运营。

冲刺一百天　再创新辉煌

公司党委宣传部

执笔人：刘佳宝　张亚杰

今年以来，广大员工认真落实公司各项决策部署，抢抓市场持续向好有利机遇，抓生产、强管理、保稳定、促和谐，保持了高效生产的稳定态势，企业盈利水平屡创新高，为做强做优钢铁产业、实现高质量发展奠定了坚实基础。近期，公司召开8月份钢铁主业成本分析会暨月度运营绩效评价会，全面总结工作、分析形势任务、制定措施，为今后一段时间的工作指明了方向。为进一步统一思想、凝聚共识、激励士气、鼓舞干劲，组织编发专题形势任务教育材料，希望各单位结合自身实际，认真抓好及时有针对性的形势任务教育，引导广大员工正确看待面临的形势任务，既抢抓机遇、快马加鞭，以昂扬的姿态夺取更大的胜利，又保持头脑清醒，安不忘危、居安思危，以冷静的心态规避风险、涵养后劲，向着做强做优的目标奋勇前进！

快马加鞭　乘势而上

2018年注定是钢铁主业大放异彩的一年！

在公司8月份钢铁主业成本分析会暨月度运营绩效评价会上，再传捷报：铁、钢、材、发电量指标破纪录；效益指标创历史新高；经营性现金流创历史最好水平；工序成本降低指标全部完成……其中，前八个月全公司累计实现销售收入482.12亿元；完成利润总额41.49亿元，完成年度计划的152%；累计上缴税金18.81亿元。

这份成绩单足以证明，我们的钢铁主业历经风雨洗礼，今天迎来了历史

上最好的一个发展时期，从客观上反映了我们盈利水平和发展能力的提升。从内部看，公司上下同心同德、团结一致、奋发图强、苦练内功，塑造了强健的体魄，筑牢了企业改革发展的强大根基。从外部看，面临的机遇前所未有，宏观经济的平稳发展、下游企业产品需求旺盛以及环保政策等方面的利好因素，带来了钢材市场价格持续高位运行，近期价格涨到年内高点。据中钢协数据显示，当前的社会和钢厂库存依然处于低位，同时，在积极的财政政策和叠加基建投资增速的导向作用下，市场需求仍在扩大，后市有望继续延续良好势头。机遇就在眼前，抓住机遇就能取得更大的胜利。“魅力山钢走在前，做强做优更精益!”这是我们主题系列活动的主题，也是我们各级组织和广大员工的口号和誓言！满打满算，到年底还有100天的时间！到了冲刺进取、检验能力的关键时刻，让我们乘胜追击，把握机遇、突破上限，交出一份让企业也让自己满意的答卷。

关键时刻，我们广大员工要在思想上不断进取，以积极的态度、必胜的信心、创造的精神去迎接机遇，跳出自我满足、自我设限的观念陷阱，不断突破领先，继续走在山钢前列。要在行动上同频共振，按照公司各项决策部署，紧锣密鼓抓落实，同向发力。要全员发力创效，党政工团携手共进，调动全员的积极性主动性，发挥全员的智慧力量，收获更好的效益。各工序、各岗位人员要结合岗位实际，履职尽责，精益求精，把各项工作做到极致，强化生产组织、细化管控措施，全力增强精益生产能力，为全系统稳定高效运行创造条件。加强产品提档升级，不片面追求产量效益，以提高核心产品、拳头产品质量稳定性和可靠性，增强持续盈利能力。“运营转型、精益管理”工作再深化再加力，以问题为导向，明确整改方向，制定针对性措施，确保项目落地见效。要始终抓好安全、环保、设备管理工作，为生产安全稳定顺行提供坚实设备保障。营销人员要主动出击，做好市场研判分析，提高市场开拓能力，抢抓市场订单，拓宽产品盈利空间，为做强做优钢铁产业、实现高质量发展奠定坚实基础。

机遇难寻、转瞬即逝，面对前所未有的成绩和机遇，我们要发扬优势、勇于担当、乘势而上，加快行动、冲刺闯关，再创新业绩、谱写新辉煌！

居安思危　厚积薄发

八个月，40多亿元的利润，面对前所未有的大好局面，我们应该以怎样的心态面对自我，面向未来？随着形势持续转好，曾经困扰我们的问题是否会就此迎刃而解，今后的改革发展道路会像现在一样一帆风顺吗？

习近平总书记告诫我们：“一定要登高望远、居安思危，勇于变革、勇于创新，永不僵化、永不停滞。”这一要求，对于我们准确判断企业发展道路上的各种风险挑战，及时采取应对之策，化挑战为机遇，处理好行稳致远中的一系列突出矛盾问题，具有重要的指导意义。

公司党委书记、总经理罗登武曾强调：“越是形势较好、取得成绩的时候，越要有如履薄冰的谨慎和居安思危的忧患，始终保持清醒的头脑，既要抢抓市场机遇，全力以赴争取更好经营绩效，切实把该拿到的效益拿到手，又要坚持系统思考，把困难挑战估计充分，把应对措施准备周密，立足内部做工作，着力在精益运营、动能转换、深化改革、绩效提升等方面狠下功夫、取得实效。”眼下，公司正处于大有可为的历史机遇期，但前进道路上面临的挑战和风险也不少。逆水行舟，不进则退。我们唯有发扬居安思危的优良传统，以“等不起”“慢不得”“坐不住”的责任和担当，“逢山开路、遇河架桥”，才能推动企业持续高质量发展。

认清挑战，保持清醒。从宏观环境分析，世界经济深度调整，贸易摩擦不断加剧，国际环境复杂严峻；国内经济从高速增长阶段转向高质量发展阶段，经济发展对钢材消费拉动作用有限。从市场形势看，受供给侧结构性改革和环保因素影响，钢铁产业格局没有发生大的变化，产能过剩的矛盾依然

存在，供需相对平衡的格局并不稳固。从内部条件看，改革发展任务繁重，生铁成本、吨材利润方面与行业先进企业差距较大，在市场发生重大变化时生存竞争能力还不强。根据市场变化，山钢股份调整了全年生产经营奋斗目标，我们距离实现铁 1184 万吨、钢 1188 万吨、材 1153 万吨、经营利润总额 71.25 亿元的目标还有一定的差距。站在深化改革和高质量发展的交汇点，我们要明晰形势，认清挑战，激发“众人划桨开大船”的强大动力，勤思考、善分析，增强预见性，提前发现问题，分析问题，解决问题。

坚定信心，增强本领。信心比黄金更重要。面对重重挑战，首要的是要树立坚定的信心。令人瞩目的成绩为我们走好前进道路坚定了信心和决心，注入了强大力量。在充分估计面临困难的基础上，我们要未雨绸缪、沉着应对、砥砺前行。要把权力当责任，把职位当岗位，真心实意为企业谋发展、出高招，尽心竭力为企业解难题、做贡献。全体员工都要把精力集中到强本领、抓落实上，以高度的危机感和紧迫的使命感，做好各项工作，确保立于不败之地。

登高望远，勇于担当。想不想担当、敢不敢担当、能不能担当，是衡量品质能力优劣的试金石。面对困难和挑战，我们既要有担当的宽肩膀、成事的真本领，还要有高站位、大格局，胸襟开阔、视野宽广，在思想认识、具体行动上与企业改革发展有机统一、全面融合。要学会在危机中增强危机感和使命感，勇于开拓创新、拼搏进取，解决各种矛盾问题。要弘扬与时俱进、时不我待的精神，不断增强自我净化、自我完善、自我革新、自我提高的能力，迎难而上、克难奋进，高质量完成既定的任务目标。

“纷繁世事多元应，击鼓催征稳驭舟。”我们既要有“乱云飞渡仍从容”的战略定力，又要有“不到长城非好汉”的进取精神，下好先手棋、把握主动权，冲刺一百天，跑出加速度，创出更加辉煌的业绩！

新时代引领新征程

焦化厂党委

执笔人： 武三平

对传统产业的钢铁行业来说，新旧动能转换成为企业转型升级、凤凰涅槃的重大机遇。而运营转型、深化改革，是莱芜分公司实现转型发展、做强做优的必由之路。作为“魅力山钢”的建设者、“做强做优”的实践者，我们要牢记职责使命，在绘就魅力山钢的征程中不掉队，在奋斗实现钢铁强企前列的道路上大有作为，这是我们义不容辞的责任和担当。

学习精神转观念

在习近平新时代中国特色社会主义思想的指引下，山钢集团公司党委贯彻落实全新发展理念，加快新旧动能转换，坚持绿色发展，打造精益钢铁，

在主题系列活动中明确提出“魅力山钢走在前、做强做优更精益”的号召，提出了具体措施和任务目标要求。关于建设魅力山钢、做强做优钢铁产业、打造精益钢铁新优势等新战略的提出，让我们为之振奋又深感责任重大。

在瞬息万变、日新月异的发展大潮中，我们已经意识到落后的山钢人开始了大刀阔斧的改革，如今山钢就正在经历这么一个涅槃重生的蜕变，规划出了“魅力山钢”的宏伟蓝图，很多人渴望成功，却又存在着恐惧，因为不知道未来的路会变得怎么样，害怕失败和挫折。在瞬息万变的大千世界里，墨守成规、不思进取就意味着死亡，只有转变观念深化改革才是适应时代变化求生存、图发展的唯一出路。面对新形势新变化，我们要清醒认识自己的问题和差距，坚决摒弃大国有企业、老国有企业的架子，认清自我、调整心态，主动走出去，跳出山钢看山钢，向先进单位学习，向先进水平对标，找一找我们在管理方式方法上的不足，找一找我们在体制机制上的差距。

我们既是改革的参与者、推动者，也是改革的利益攸关者，我们和山钢是命运共同体，荣辱与共、风雨共担，相信有山钢领导的科学规划、全体山钢人的共同努力，发扬吃苦耐劳、敢于拼搏的优良传统，共筑“强企梦”，我们的山钢将会发展的越来越快、越来越好，“魅力山钢”的宏伟蓝图一定会实现！

落实行动助发展

今年是全面落实山钢第一次党代会精神的开局之年，是实施新旧动能转换三年行动计划的攻坚之年，是全面深化改革转型升级突破之年，是推进钢铁产业做强做优做大的关键之年，决定着建设魅力山钢两步走战略能不能良好开局，决定着山钢集团“跻身全国钢铁强企前列”目标能不能如期实现。实现做强做优目标，支撑新旧动能转换，是钢铁产业的历史责任和光荣使命。莱芜分公司总经理罗登武号召我们：“既要充分估计面临的困难，未雨绸缪，沉着应对，又要看到有利条件，坚定做好各项工作的信心和决心，乘势而上，砥砺前行，干出新作为，不负新时代。”

当前山钢集团公司改革正在扎实推进，主要解决深层次矛盾和问题，我们要充分认清此次系统全面改革的必然性和紧迫性，不是我们想不想改、愿不愿改和早改还是晚改的问题，而是必须改、全面改、迅速改、真改真动。

要充分利用内部市场化这个“抓手”，动员基层广大干部职工，全面参与到公司止损扭亏攻坚战役中，沿着精益管理的既定方向，向前再迈出坚实的一步。

面对更加严峻的内外部形势和更加繁重的工作任务，我们要充分发挥工作的主动性，全面推进改革转型、实现止损扭亏等任务目标，扎实开展“改革转型我担当，止损扭亏做贡献”创先争优活动。在运行过程中围绕生产工作中的关键指标，不断细化完善各项考核指标，保证生产绩效的稳步提升，努力实现高效低耗生产。让职工对考核指标做到“心中有数”，了解各自绩效工资分配的“明细账”，结合车间工序特点与生产实际，认真落实内部市场化运营的各项措施，凝聚激励干部职工立足本职岗位、主动担当作为，实现内部市场化的平稳运行。

坚持“运营转型、精益管理”的生产理念，找到制约发展的主要问题，落实推进破题的有效方法，必须要放低身段，清醒认识自己的问题和差距，认清自我、调整心态，主动走出去，向先进单位学习，向先进水平对标，找一找我们在管理方式方法上的不足，找一找我们在体制机制上的差距。我们要向好的看齐、与快的对标，认真学习他们敢于争先勇争一流的发展境界、颠覆传统勇于变革的创新精神、科学高效务实管用的经营机制。

模范引领做表率

在观看中央电视台播出的“榜样”系列专题教育片中可以看出，那些英模人物的身上，无一不是在其一生默默辛苦奉献付出的基础上，成就了不平凡的业绩。在习近平总书记倡导的建设新时代中国特色社会主义时期，需要每一名党员的共同努力和无私奉献，发挥带动和引领示范作用，和全体职工一起去实现中华梦、强企梦，为国家和企业的健康快速发展上下同心、戮力同行、风雨共担！

并不是所有的先模都能干出惊天伟业，也不是非要干大事才能体现一个人的价值。每个人能力有大小、术业有专攻，所属的领域行业不同，产生的作用会有所区别，但无论我们做什么，都需要这种爱岗敬业、精益求精的工作作风，心系百姓服务人民的责任意识和长期坚持不懈的努力，守住“初心”和“承诺”，用实际行动为人民服务、为党旗添彩！

如今，山钢正在进行大刀阔斧的改革，为实现山钢跻身全国钢铁强企绘就了宏伟蓝图，“魅力山钢”的梦想需要每一个人的辛勤付出和艰辛努力，我们需要这种精神来感召和带动大家的工作积极性，发挥“每一名党员就是一面旗帜”的使命担当，时刻听从党的召唤，服从党的指挥，在平凡的岗位上做出出色的成绩，在山钢改革的大潮中实现自己的人生价值，把山钢建设成为举世瞩目的钢铁强企，实现几代山钢人的“强企梦”，在新时代中国特色社会主义建设中做出自己的贡献！

改革转型绘蓝图

在瞬息万变、日新月异的发展大潮中，我们已经意识到落后的山钢人开始了大刀阔斧的改革，如今山钢就正在经历这么一个涅槃重生的蜕变，规划出了“魅力山钢”的宏伟蓝图，通过市场化经营方式的实施，让大家充分理解了“重在结果、绩效为王”的工作理念，“魅力山钢”将是拥有创新特质的新山钢，建立了精准、全面、深刻理解的新的考核体系，体现出“山钢一家亲、和谐共赢”的氛围，让我们有了归属感。确立了“四不三突出”的原则，体现多劳多得、按劳分配的考核措施，消除了“大锅饭混日子”的弊端，根据贡献得报酬，从根本上激发出了企业和个人的工作积极性。

改革正在落实推进，变化逐步显现，这就是改革带来的实实在在的好处。在改革大潮面前我们要顺应潮流，积极参与到企业改革的进程中，做全面深化改革的支持者、参与者、践行者，把自己的命运和企业的发展紧密地联系在一起。我们和山钢是命运共同体，荣辱与共、风雨共担，相信有山钢领导的科学规划、全体山钢人的共同努力，发扬吃苦耐劳、敢于拼搏的优良传统，共筑“强企梦”，我们的山钢将会发展的越来越快、越来越好，“魅力山钢”的宏伟蓝图也一定会实现。

干在实处　赢在执行

宽厚板事业部党委

执笔人：薛升波

6月29日，事业部利用短短五十分钟的时间对2018上半年的工作和2017~2018年度党内先进进行表彰，会议紧凑简洁，向大家传递了一个明确的信息，现场比会场更高效，执行比规划更有力，为进一步引导事业部广大职工学习领会贯彻半年会精神，特编发“干在实处、赢在执行”系列形势任务材料，供大家学习落实。

一张蓝图绘到底　一茬压着一茬干

在年初事业部二届一次职代会上首次提出了深化精益管理、推进智能制造，奋力开创“品牌厚板”建设新时代的战略目标，规划了“一体两翼、三化支撑、四轮驱动、五个达成”的工作思路，企业立身国内板材行业第一梯队，产品档次位列行业一流，参与市场竞争更加有话语权，职工有更加的获得感的战略目标清晰坚定，激起了所有厚板人的向往。

半年会上，事业部又进一步发出了生产制造智能、产品服务精专，全面打造宽厚板产品持续盈利的核心竞争力的号召，结合新的市场和企业发展形势，把品牌厚板具化为管理流程精益化、制造过程智能化、产品服务精专化、党建工作品牌化的“四化”特征。从战略目标到具体形象，宽厚板的发展前景越来越清晰，职工越来越自信，道路越来越宽广。

今年以来，事业部人员班子发生很大的变化，但是班子变换了，发展的目标和方向没有变；岗位变动了，建设品牌厚板、让每一名厚板人有获得感的承诺没有变；人变动了，但是勇于担当、敢于担当的厚板人的作风没有变。对此，事业部上下要认真学习贯彻事业部二届一次、半年工作会议精神，把“品牌厚板”的蓝图绘到底，把建设“品牌厚板”的措施一茬压着一茬干，以“功成不必在我、功成必定有我”的无私担当，立足岗位、久久为功。

因势而谋，才能谋定而后动；顺势而为，才能有效作为。当前，我们正处在一个难得的机遇期和发展期，对此我们必须要把握发展大势，任尔东西南北风我自岿然不动，保持前进定力，统一思想、统一行动，在全力打造具有精益特质、具备品牌优势、实施智能制造的进程中阔步前行，不落下一名职工，把每一名职工荣光镌刻在品牌厚板的光荣榜上。

稳三基，筑牢盈利的基础

半年会上，事业部提出了以“管理流程精益化、制造过程智能化、产品服务精专化、党建工作品牌化”为抓手，稳基板、拉长板、补短板，加快产线做精做专步伐。基板怎么稳，长板如何拉，短板怎么补？本期主要谈谈基板怎么稳？稳什么？

稳基板在于稳三基，要稳管理的基板、产量的基板、质量的基板，基础不牢地动山摇。企业高效运行的基础在管理，管理稳定是事业部一切管理有序运行的前提；稳定高产态势的基板，当前事业部生产处于高位运行状态，高产量就意味高收益，高水准的生产组织状态要稳定；稳定质量的基板，质量的稳定是高效益的核心，没有质量，干的再多也谈不上效益。

三基相互联系、互为犄角、哪一块不稳都直接会动摇到事业部盈利的基础和基石。

稳基板在干要三靠。一是要靠“运营转型、精益管理”这个抓手，提高事业部企业发展运营质量；二是要靠创新，创新是一切工作激发动力的源泉；三是要靠我们，每一名厚板人，再先进的管理、再精良的装备、再有效的措施，都需要人来执行，人来落实。

沉心静气，实现稳基础向强实力的转变。西瓜好抱、芝麻难捏，在基层抓基础不显山难出名，确是考验一个单位、一个车间、一个班组的真功夫。对此，我们要拿出诸葛亮的智慧，能让张飞绣花的功夫，强基固本均衡发力、久久见功。

补短板，释放增效新动能

管理学有个著名的短板理论，又称“木桶原理”。盛水的木桶由许多块木板箍成，盛水量也由这些木板共同决定，其中最短的那一块决定了木桶的盛水量，事业部发展的短板在哪里？又该怎样补齐？

在半年会上，事业部对补短板进行了精确描述：补信息化、智能化“短板”，以创新驱动事业部从生产制造向智能智造转变，不断提升宽厚板产品的价值创造能力，实现品牌增效、企业增收，推动厚板行稳致远健康发展。

信息、智能化一直以来是我国钢铁企业发展的短板，钢铁行业发展的信息化和智能化，实质上是企业新旧动能转换的转折点。以“质”可以行稳，以“智”方能致远，“质”与“智”的推动是企业发展的核心竞争力。

当前，我们事业部是公司信息化、智能化产线建设的示范产线，对我们来说是挑战、更是难得的机遇，我们事业部上下必须要紧紧抓住这个千载难逢的机会，借助产线试点的机会推动事业部生产制造迈向智能智造，增强发展后劲、释放增效动能。事业部上下必须紧紧把握运营转型“五深化、五支撑”的总要求，秉承“固化、细化、强化”三化指导思想，结合事业部的“六深化、六支撑、六路推进”精益运营推进方案，以公司信息化和智能化诊断成果转化为契机，推进一批信息化、智能化项目改造落地，打造一个具有自感知、自学习、自决策、自执行、自适应等功能为一体的智能、智慧生产线，为事业部的高效发展释放新动能、积蓄永动力。

信息化、智能化是出路，更是瓶颈，对此我们必须认识清醒，聚焦发力！短板效应决定了发展下限，找准并补齐发展中的短板，才能精准谋划今后发展的新优势。

拉长板，精准释放增效潜力

拉长板，以高端高效产品的长板，实现高端增效。进入互联网时代，企业（区域）发展准则又嬗变出“斜木桶原理”，即把水桶倾斜，会发现能装最多的水决定于长板（核心竞争力）。当你有了一块长板，围绕这块长板展开布局，就能赢得更多先机。

近年来，经过我们宽厚板人的埋头苦干和创新实践，把诸多不可能转变为一切皆有可能。我们在高端高效产品上取得了明显突破，高级别船板借助招商局重工40万吨矿砂船项目，从近海驶入深蓝，打入国际大型商船用钢领域；耐磨产品联袂比萨劳伊迈入高端行列，年销售过万吨；高强用钢板赢得久益环球的青睐，进入全球采矿行业竞争的舞台；海工用钢打入蜚声中外的国际海洋油气装备制造商蓬莱巨涛，跻身国内一流；风电用钢又与世界知名企业联手，通过了维斯塔斯工厂风电用钢资格的审核认证，进入了世界顶尖的风电用钢市场；油罐钢产品实现了万吨应用业绩。个别产品已经逐步从市场的赶超者向领先者转变，对于这些高端高效的产品，我们已经积累了市场信誉，形成了一定的品牌效应，我们必须要把它们巩固好、提升好，树立以精、稳为核心的质量意识，用精益化的生产、管理，实现生产的精益化、柔性化、智能化和交付的敏捷化、准时化、配送化。

长板效应决定了发展上限。找到长板，才能找准跑道，抓住发展的关键；拉长长板，才能进入快车道，跑出加速度，实现“弯道超车”。拉伸高端高效产品的长板，用产品留住客户、用服务温暖客户，让客户感知到我们宽厚板事业部产品的温度和热度，巩固高端创效的基础。

四航扬帆，引领厚板行稳致远

半年工作会上，事业部党委首次提出了结合公司党委的新要求、事业部发展的新形势，围绕“党政融合、双责一体”与过硬党支部建设，实施“领航、导航、保航、护航”四航党建工程，推进党委做品牌、支部做特色、党员做标兵，推动党建思想政治工作向精益型、质量型转变，这是事业部党委新时期对党建思想政治工作的精细谋划、精准阐释、精确定位，是指导宽厚板行稳致远的旗帜和风帆。

1921年夏，在上海召开的中国共产党第一次全国代表大会因遭到法租界巡捕袭扰，被迫转移到浙江嘉兴南湖的一条小船上继续进行，在这里完成了大会议程，宣告中国共产党正式成立。这条小船因而获得了一个永载中国革命史册的名字——红船，而中国共产党建党伟业所蕴含的伟大革命精神，因此被称之为红船精神。一条红船见证中国共产党“开天辟地、敢为人先”的创建历程，引领了中国革命道路的前进方向。

我们常把企业比作一艘船，大海航行靠舵手，而指引这艘大船前进的舵手就是党组织的核心领导，推动这艘船稳健前行的就是党建思想政治工作的推动力。“领航、导航、保航、护航”工程（简称四航工程）正是事业部党委认真贯彻公司党委的各项精神部署，在新时期实现党建理论创新、方法创新的探索和实践，围绕“党政融合、双责一体”实施以党委为“头雁”带动的四航工程，聚焦中心，组、宣、纪、群工四轮驱动，形成党群专业协同的“雁阵式”格局，党政同责共画同心圆、共唱一首歌，为事业部的发展定好向、掌好舵，是组织所托、职工所盼。

事业部各级专兼职党建思想政治工作者要进一步增强干好、做强、创优

党建思想政治工作的责任感和使命感，创新作为、奋发有为，在产品做精做专的进程中，把党建品牌与产品品牌相映成辉、相得益彰，共同打造品牌厚板！

干在实处　赢在执行

千条路、万条路，没有落实是死路；有行动、有落实，思路变出路。从二届一次职代会到半年工作会，我们描绘的发展蓝图、确立的战略目标、规划的发展方向、推进的各项行动方案和举措，不是脱离实际的而是经过了认真调查研究，充分考虑了各种条件因素，市场有机遇、自身有基础、对标有典型，是经过兄弟单位产线实践了的、能够达到和完成的。

经过半年来的时间，存在的问题在半年会上事业部李经理的讲话中进行了认真的分析，为什么实际工作绩效与我们的目标要求还有偏差，个别工作相差还太多，归结起来还是人的因素决定了绩效高低，主要表现在：一是思想不重视，工作安排反应太慢、行动迟缓；二是工作不主动，传统思维定势没有根除，缺乏新方法，新思维的代入感；三是作风不扎实，工作浅尝辄止、缺乏狠劲、韧劲和钻劲儿；四是组织推动乏力，领导干部带头不持续。

通过分析证明，取得的绩效与目标有偏差，不是目标任务高不好完成，而是精神状态滑了坡；不是我们没有优势，而是没有用好优势；不是考核办法不好，而是执行落实不到位；不是谋划不到位、准备不充分，而是内生动力不足，缺乏一以贯之、揪住不放的韧劲。

干在实处，才能赢在执行，赢在执行，才能走在前列。建设品牌厚板需要我们爬山过坎、滚石上山，没有比脚更长的路，没有比人更高的山。路是一步一步走出来的，只要精神不滑坡，办法总比困难多。把困难看的太大，永远解决不了困难，但如果把困难踩在脚下，一步一个脚印的踏实做好，就没有解决不了的困难。实践证明，我们个别单位在上半年贯彻事业部的决策部署坚决、谋划深、思路广，取得的绩效就好，这些绩效组织看在眼里、职工记在心里，更体现在单位、个人收入上。

立足现场干在实处、绩效高低赢在执行，心态决定状态。事业部李经理曾经讲到：宽厚板的发展市场是出卷人、管理骨干是答卷人、广大职工是阅卷人，如何交出一份满意的答卷，在行动、更在执行。

深度挖潜　大有可为

型钢炼铁厂党委

执笔人：姜智文

2018 年，型钢炼铁厂抓住钢铁市场持续升温的有利机遇，加强生产组织，强化过程控制，重视创新，以稳为进，生产、检修“双线”作业推进顺利，实现了高炉生产长周期稳定顺行，主要经济技术指标持续提升，生铁产量稳步提高，吨铁成本低于行业平均线 100 元以上的有利局面。面对市场机遇，如何做好下一步工作？是否还有挖潜机会？如何进一步深化精益管理工作？厂党委撰写“提高认识、再创辉煌”形势任务教育材料，帮助职工认清形势，引导职工统一思想、凝心聚力、再接再厉，用更高的标准、更好的成绩为企业发展做出新贡献。

提高认识再加力

2018 年，全体干部职工团结一心、奋力拼搏、苦练内功、攻克难关，战胜了生产、大修两条线作业中遇到的重重困难，赢得了生产、建设双丰收，3200m^3 高炉摘得全国 3000~4000m^3 级别高炉“冠军炉”荣誉称号，400m^2 烧结机荣获全国 400m^2 及以上烧结机“优胜炉”荣誉称号，均取得历史性突破。

数据表明，型钢炼铁厂实现了建厂以来各项工作最好水平，迎来了做强做优的最佳机遇期，这得益于公司的正确领导，得益于我们对精益管理工作的不断深化和全厂干部职工的共同努力。

前进的道路不可能一帆风顺，越是前景光明，越是要增强忧患意识，做到居安思危，全面认识和有力应对一些重大风险挑战。要实现强企梦，必须登高望远，居安思危，脚踏实地，求真务实，有更充分的准备、更系统的思

考和筹划。

在肯定成绩的同时，应该看到我们与行业先进仍有差距：主要经济指标仍存在较大提升空间；专业科室管理水平仍有细节待加强；各车间工作开展情况仍存在差距；学习型班组创建热情仍需要提高；职工学习、创新的激情尚显不足，深度挖潜还有很大机会。同时，受外部条件制约，3 号 3200m^3 高炉进入炉役后期，生产的均衡性、稳定性受到影响，不利于指标提升和成本优化。因此，进一步梳理和改善工作中存在的各项问题，不断提高自身综合实力，用更加过硬的业绩应对市场形势变化带来的风险，持续优化生产组织，强化精益管控力度，才能真正打造出企业生存发展的硬实力。

认清形势才能把握好前进“舵”。全厂干部职工要立足本职工作，进一步提高认识水平，紧跟“魅力山钢”做强做优脚步，认真分析查摆自身问题，在思想上不断进取，在目标上不断提高，在能力上不断加强，跳出自我满足舒适圈，继续加力，变问题为效益，让挖潜成为日常，把创新视为使命，以更强的责任担当、更实的工作举措，全力以赴提升经营绩效，不断开创企业发展的新局面。

学习提升谋创新

有个“泥娃娃手艺人”的故事。

有位捏泥娃娃的手艺人，以出售泥人为生，因为泥人做的漂亮，日子过得还不错。后来手艺人的儿子继承父业，比父亲的泥人捏的还好。起初，儿子和父亲捏的泥人售价一样，都是每个两元。在父亲的严格要求和指导下，儿子一边学习，一边提升手艺，做的泥人售价从 3 元、5 元、8 元，一路涨到了 10 元。可父亲对儿子手艺的挑剔从未间断，总是拿着儿子做的泥人一个一个的挑毛病。有一天儿子生气了："你怎么总挑我的毛病，你的每个泥人我都能挑出几十个毛病，所以你只能卖 2 元一个，我做的泥人卖 10 元人们还争着买，我觉得我不需要再加工了！"父亲难过地说："孩子，你做的泥人价钱永远不会超过 10 元了"，孩子很吃惊，父亲继续说："手艺人如果觉得自己手艺到家，没有改进余地，那意味着他不会再进步，从前有一天，我对自己的手艺自满起来，结果从那天起，我的泥人只能卖 2 元，再没有超过这个价钱。"

这个故事告诉我们，对个人而言，学习、改善、创新是进步提升的源泉，是实现人生价值的通道。对企业而言，如果不创新突破，发展停滞不前，则是逆水行舟，终将被淹没在市场大潮中。

学习提升有侧重。全厂干部职工要进一步强化学习意识，立足岗位，加强职业技能培训，围绕生产需求，制定好学习进阶路线，强化理论，注重实践，系统规划，以学促用。同时，要充分利用好公司和厂里搭建的学习平台，如网上练兵、劳动竞赛、读书活动等，不断开阔视野，促进自身全方位提升。

别忘学习身边人。在增强理论学习的基础上，要把目光放到身边先进职工的身上，找准对标榜样，谦虚务实、取长补短，认真听取工作中对立的声音，分析产生分歧的原因，把不同的声音看作宝贵的成长资源，理性解决工作中的疑难杂症。

点燃创新热情。习近平总书记曾反复强调，创新是民族进步的灵魂。企业发展同样如此。要充分发挥学习能动性，把学习的落脚点放到创新创效上，用问题引导挖潜，让问题推动创新。同时，结合“内部市场化”和“精益管理进班组”等工作，激发职工创新激情，为企业转型升级汇聚新活力，为企业做强做优再创新业绩，谱写新篇章！

深入推进标准化　成本仍然有的挖

2018年，型钢炼铁厂以“运营转型、精益管理”为总抓手，运用“标准化+创新”精益改善方法，认真推进标准落地，挖潜降本收效显著。烧结一车间继续攻关“提升石灰石配比”课题，两台265m^{2}烧结机石灰石配加比例从年初的50%提升至70%左右，1～9月份，节约熔剂成本约4500万元。这是“标准化+创新”精益管理方式在“提升石灰石配比”攻关中的又一次重要体现。

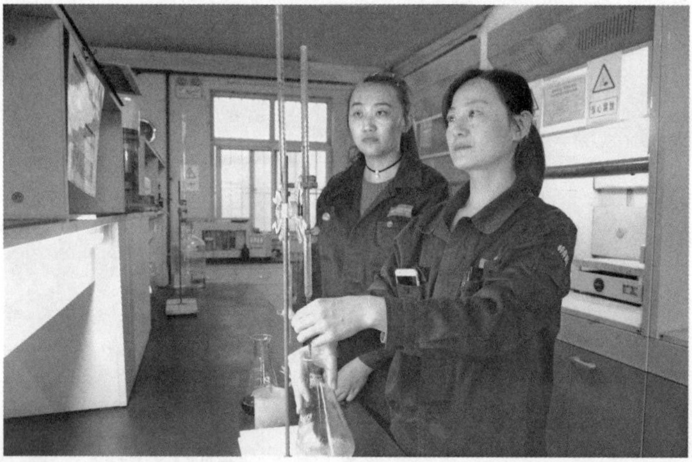

石灰石配比提升一直是工作重点，在一次次遇到瓶颈、突破瓶颈的过程中，始终践行“标准化+创新”精益改善模式：把设备、工艺、操作等方面行之有效的做法和经验用标准化的方式固化，把对降低成本不利的因素通过创新去改善，改善后，效果好就用标准固化，效果不理想的则继续攻关。最终，让所有工作都有标准可依。

标准化操作要走心。“标准化”操作是各项创新工作落地的有力支撑，大家要进一步提高对标准化的认识，认真执行各项标准，以标准指导生产，促进业务能力提升，确保“标准化+创新”管理的各个关键环节有效运作。今年以来，三个高炉车间针对“部分高炉工长操作不到位”的情况，制定了“风口小套损坏期间操作标准化规程”“送风系统紧急状况下的休风操作标准化规程”“高炉无计划休风炉况恢复操作标准化规程”等标准化操作方法，有效降低了职工调剂不及时、经验不丰富、操作不精准对生产带来的不利影响，为高炉稳定顺行创造了有利条件。

理论和技能要提升。如何快速学好用好标准，让标准指导工作？这就需要我们始终有一颗学习进取心、工作责任心、强烈事业心，以更快的速度吃透“新标准”，确保创新成果在岗位上有效落地，以真学真用真实践的态度，为挖潜增效畅通“快车道”。广大职工要积极结合工作实际，与时俱进，让“标准化+创新”管理的各项工作能够环环相扣，无缝衔接，促使深度挖潜见实效。

钢铁主业高质量发展，主线在哪里

公司党委宣传部

执笔人：张亚杰

在传达山钢集团三季度会议精神时，罗登武总经理要求在固化经验成果、细化工作措施、强化薄弱环节上下功夫，努力向更深层次推进精益运营。精益运营是钢铁主业向高质量发展迈进的自觉实践和行动主线，必须持之以恒抓在手上，持续不断向更深层次推进。

近年来，我们坚定不移地走内涵式发展道路，加快推进“运营转型、精益管理”，坚持“五深化、五支撑”的推进路径，“固化、细化、强化”同步加力，推动精益管理落地，催发企业强大内生动力，提高了企业的综合竞争力，克服了市场环境等外部不利因素，钢铁主业运营绩效稳步提升，迈向了高质量发展的“快车道”。主路线图已经绘就，要持续深化精益运营，在理念能力、管理机构、运营系统三方面工作再加力、再改进、再提高，打造精益钢铁，实现做强做优奋斗目标，走在山钢高质量发展的前列。

专注于理念能力提高。持续转变员工理念，树立起符合当前深化精益运营的思想，主动适应当前企业的发展变化，加快行动落实，积极参与到精益运营的各项工作中，壮大团队力量。做好能力支撑工作，固化“做实基础、做实关键”和“三支队伍”建设，进一步细化、强化能力提升培训，为“持续深化精益运营、全力打造精益钢铁”，实现做强做优提供智力支持和能力保障。培育精益文化，塑造持续改善的动力，通过文化宣传、共享交流，将精益意识、理念转化为员工的自觉行为，真正让精益成为企业的管理基因。抓好精益行为规范的设计和践行，针对管理、技术、操作不同序列的岗位分别明确符合精益文化要求的行为准则，规范员工行为，推动精益习惯养成。

执著于管理架构改进。持续完善内部市场化运营，坚持业绩导向，逐步完善绩效考核机制、业绩沟通机制、问题解决机制，提高跨部门、跨工序协同运作效率，形成共同推进的合力。做实业绩对话，完善市场化运行体系，固化全员参与、职工认同的市场化推进机制，推动业绩持续改善，实现“岗位靠竞争、收入靠贡献”，营造人人做争先的浓厚氛围，与员工共谋发展，共同经营企业。全面推进岗位工序标准化作业，固化“立、执、评、提”的方法论，细化各工序关键作业的诊断与识别，强化基层标准化作业的落地与改善，夯实精益生产的四梁八柱。

倾力于运营系统改善。继续做好现场诊断工作，认真总结现场诊断经验，完善诊断流程和方法，建立现场诊断长效机制，不断提高现场改善能力。加快推进改善项目落实，按照精益管理工作新要求、新举措，根据季度项目评审意见，结合当期公司生产经营条件，深入挖掘改善潜力，强化协调配合，全力消除各类制约因素，确保改善项目落地见效，确保年度任务目标的完成。抓好专业模块建设，按照专业管理模块化、模块管理标准化的要求，推进模块管理与现有管理体系、标准有效衔接，促进精益理念、工具方法与企业管理深度融合。加大产线对标工作力度，紧盯行业一流水平，做细做实深度对标工作，系统分析与标杆企业的差距，找准问题短板，持续改进提升，努力实现赶超。

实现高质量发展，路径已经清晰。我们要按照既定主线，坚持不懈，久久为功，以不断领先超越的姿态，推动精益运营向深层次迈进，提升企业本质化运营水平，持续做强做优钢铁产业，走在“魅力山钢”最前列！

提升企业本质化运营水平，差距在哪里

公司党委宣传部
执笔人：刘佳宝

什么是本质化运营？与国内外先进企业相比，我们在本质化运营方面存在哪些差距、制约因素是什么，改进提升的方向在哪里？

在山钢集团三季度工作会议上，党委书记、董事长侯军指出，企业本质化运营实质是在市场竞争中不断培育核心竞争能力并保持比较优势，实现持续盈利和可持续发展，这是基业长青和行业领先的生命基因。企业向客户提供产品和服务，持续实现利益相关者价值，就必须把握各种资源要素，提升本质化运营水平。

把握大势，凝聚共识。随着国家供给侧结构性改革深入推进、“三去一降一补”措施强力实施，钢铁行业市场条件和发展环境明显好转，盈利能力显著提升。但高质量发展要求带来的钢材需求结构性改变和中美贸易摩擦等因素造成内外部环境明显变化，环保承载能力与钢铁及其相关产业发展的矛盾越来越显现。今年1~8月，我国钢材产量7.25亿吨（年化近11亿吨），需求同比没有明显增加。近两年，山钢集团借力市场大势持续向好，经济效益明显好转，但还没有从根本上解决好竞争力弱和盈利水平低的问题。究其根本原因，在于企业本质化运营水平不高。山钢的命运要掌握在自己手中，跟上新时代行业发展的步伐，就必须把提升本质化运营水平作为行动纲领的重心，内外兼修、内圣外王。

对标先进，借鉴经验。钢铁企业竞争激烈的主要原因是体量大、数量多和同质化问题。特别是同质化问题，造成相当一部分企业生存受到极大威胁。国内外不少成熟成功企业都在积极抢占特色运营模式和独创商业模式的制高点，像海尔集团的“人单合一”商业模式、浦项钢铁的“提供最高性能钢材+提供用户应用技术+商业支持+人性化解决方案”商业模式、宝武集团的EVI营销模式、河钢集团的“技术+服务”营销模式等，各有特点。这些企业以商业模式创新为引领，正确处理好包括客户、员工、社会等企业相关者的利益关系，延伸产业链，拓展价值链，构建可持续盈利模式，以此形成了本质化运营水平提升的内生动力、自发张力、成长基因和良性循环。

认清差距，创新理念。近年来，尽管我们在营销模式、盈利模式、产销研一体化等方面进行了一些探索，取得了一些成效，但与先进企业相比还存在明显差距。一是集团层面真正意义上的战略合作客户数量明显偏低，直供终端客户少。二是人力资源结构不合理，人才支撑作用发挥不够。全集团职工平均年龄43岁，35岁以下职工仅占两成；复合型人才总量匮乏，高层次、战略型、高技能人才短缺；专业结构不合理、后备人才出现断层；人才多通道有序良性发展的局面没有形成；体现人才价值的薪酬分配制度亟待健全，有利于人才创新创业的有效激励尚需完善。三是业务系统没有实现高效优化和整合，产销研条块分割，管理环节多，权责不清晰。四是还没有实现真正意义上的产业链延伸，在先进企业已经基本完成市场布局的环境中增加了奋起直追的难度。上述问题存在的深层次原因，是没有构建起客户、员工、社会等利益相关者的交易结构，没有找到可持续盈利的途径，这也是制约企业本质化运营水平提升的症结所在。

知不足而奋进。面对历史的呼唤、企业的号召，让我们统一思想、正视差距、拼搏奋进，用智慧、勤劳、勇气担负提升企业本质化运营水平的重任，为建设“魅力山钢”、实现高质量发展贡献力量！

创高产就是创高效

型钢厂党委

执笔人： 刘军生

抢抓当前市场形势，开足马力生产，是当下扩大盈利水平最直接的方法和手段。当前我厂三线大修工作均已完成，设备具备创高产的条件，全厂广大职工要振奋精神，撸起袖子，甩开膀子，瞄准先进指标，盯紧产量纪录，落实“创高产就是创高效”的理念，不断实现思维突破和工作突破，把产量干出来，把钱挣回来。

全力提产能。我们首要任务是改变当前状态，全身心地投入到创高产的实际工作中。4 条生产线产能提升措施明确，目标明晰，这既是展示广大干部职工能力的时刻，又是增产创效一定不负期望，创造出火热夏季中的型钢奇迹。

大力提效率。以大型线效率诊断为蓝本，目前中型线、小型线和异型线均自主完成了效率诊断优化工作，找出了影响产线效率提升的关键因素。问题找出来，措施定下来，落实就是最大的任务。要珍惜诊断成果，优化运用诊断成果，立足高标准，深层次的促进现场问题得到彻底改善解决，整合现场各类资源，激活释放出产线最大动能，为产线经济高效生产提供最有利的保障。

努力创效益。“常规产品差异化，高端产品集中化”的“两化战略”，是型钢厂制胜市场、谋求发展的发展举措。“萝卜快了要洗泥”，在保证高品质、高附加值、高服务水平的基础上，以各生产要素的精准、精益保障，生产出用户需求的产品，积聚发展个性化优势，努力保持国内型钢生产企业“第一梯队”地位，才能最终赢得发展空间，促进“异彩型钢”建设不断取得新胜利。

挖潜降本再加力

棒材厂党委

执笔人：王东晓

挖潜降本是企业提升竞争力的重要举措，也是企业发展的重要保证。近几年来，企业一直非常注重成本管理，全员上下眼睛向内深挖潜，采取成本倒逼、完善日成本考核等多种举措，各单位和标杆单位的差距也逐步缩小，部分指标追平甚至超越了标杆单位。但随着各项降本举措力度加大，挖潜降本的空间也日益缩小，潜力是否挖尽，降本是否还有空间？不少人心里都犹豫起来，甚至有人打起了退堂鼓。

压力逼我们前行，让我们不断挑战自我，挖掘潜力。与其忧心忡忡、担心完不成任务指标，不如将压力化为动力，以迎接挑战为契机，眼睛向内，查缺补漏，突破自我，全面超越。“苟日新，日日新，又日新。”自强不息方能持续前行，所以我们要有信心，更要有毅力打赢这场攻坚战。

紧要关头勇者胜，气可鼓而不可泄。挖潜降本体现了一种责任、一种精神、一种工作境界。降成本，就是比一比、查一查、算一算。比一比，就是要跟标杆单位比，跟先进模范比，跟自己最好成绩比；查一查，就是要查管理疏漏，查流程纰漏，查自身不足；算一算，就是要算明账、算细账、算总账。成本压力较大，更要争取多超产，保证高效生产，尽可能为成本降低提供生产组织支持。

“论先后，知为先；论轻重，行为重。”当前我们正处于“逆水行舟、爬坡过坎”的关键阶段，需要我们每个人都鼓起干劲，团结一致，主动应对困难和挑战，用行动落实精益管控，用行动去推动企业发展。作为企业的一分子，要做到问题面前不回避、压力面前不躲闪、困难面前不推脱、挑战面前不畏惧、逆境面前不退缩，以精品立市的精神铸就钢铁品质，以精益求精的产品彰显企业魅力。

挖潜降本还要再加力，有多大的担当干多大的事业，尽多大的责任，有多大的成就。人人为成本而算，人人为效益而干。让我们以“运营转型、精益管理”为总抓手，从自身岗位做起，点滴节约、精准操作、精细管理，脚踏实地做好各项工作，不断提升价值创造能力，推动企业向更高质量发展阶段迈进，塑造具有独特魅力和比较优势的精益钢铁而努力奋斗！

观念转变篇

GUANNIAN ZHUANBIAN PIAN

再认识　再加力

特钢事业部党委

执笔人：崔瑞辉　赵建忠　马文龙

2018 年，特钢事业部实现了生产钢 343 万吨、钢材 191 万吨，圆满完成公司下达的利润、成本挖潜计划以及确保中型轧钢生产线升级改造项目顺利完成等任务目标。为引导广大干部职工以“特钢做特、特钢做优”为己任，破除思想羁绊，全员担当实干，从自身做起、从岗位做起、从点滴做起，持之以恒推动“特钢竞争力提升实施方案”落实落地，全面完成三年规划目标，特钢事业部党委组织编写了“再认识、再加力”系列宣教材料。

特钢产品与市场，再认识再加力

2017 年，特钢事业部干部职工戮力同心，各方面工作都取得了丰硕成果，主要呈现出几大亮点：一是生产经营绩效实现了新突破。全年累计生产钢 340 余万吨，提前 6 天完成年度任务，连续两年突破 300 万吨；累计销售钢材 190 万吨，销售收入 81 亿元；边际贡献总额为 15.4 亿元，同比增长 342.5%。全年累计节约成本 490 万元，挖潜 5800 余万元，可比成本降低率达到 3.19%；实现吨钢增效 51.85 元；产品结构增效 9885 万元，同比增长 153%。二是实现了客户升级、产品升级、质量升级。新开发全兴精工、杭州东昌等 20 多家用户；完成了东锅、哈锅、上锅“三大锅炉厂”的第二方认证和英标、澳标钢筋等权威认证 17 个，新签技术协议 20 多个；新开发了 17CrNiMo6 高档齿轮钢、Q235B/Q420B 系列汽车板簧结构件用钢等新产品 14 项，新产品销售比例达到 38%，对比增效 4163 万元；各产线产品氧含量、成品成分、低倍和高倍合格率均优于目标要求。三是工艺设备技术提档升级。50 吨电炉余热锅炉系统改造等 9 个升级改造项目已完工，50 吨和 100 吨电炉生产线齿轮钢工艺优化取得新成果，低磷钢冶炼等一批新技术、新工艺的成功应用，冷轧辊用大规格连铸圆坯关键生产技术达到国际领先水平。

成绩的取得离不开全体干部职工的辛勤付出，但不应沾沾自喜，因为我们还存在许多问题和不足。一是应对市场形势和外部环境的能力不足，核心竞争力还需培育。目前来看，我们主打的六大类产品只占总产量的 51%，高精尖产品产量还不足 10%。二是与对标企业还有差距。据不完全统计：2017 年我们产品售价吨钢与南钢相差 157 元，与石钢相差 591 元。三是设备、工艺事故较多，产品质量稳定性还不理想。去年 8 月份，事业部质量万里行采访团走访了莱芜环球公司。这是一家国内高端装备制造业、汽车制造业的龙头企业之一，年用 CrMn 和 CrMo 系列钢材上万吨。因为我们供给他们的产品多次出现质量问题。现在对方已经停止采购我们的产品，他们的总经理刘汉芝就说："我们在莱芜建厂就是想和特钢合作，但特钢产品质量炉与炉之间差距大，时好时坏，不敢用。"四是精益管理和内部市场化等改革还需加力，一些改革举措还没有真正落地。

2018 年，我们面临的形势依然复杂多变。从外部环境看，2018 年中央供给侧改革、去产能工作力度加大，环保监管日趋严格，原材物料、水电煤气价格急速上涨，生产成本增加，市场供过于求的形势没有根本改变。全国 36 家重点特钢企业，主要分布在华东、华北等地，年产优特钢总量保守估计在 1.07 亿吨，区域竞争激烈。从内部环境看，2018 年，山钢、莱芜分公司体制机制改革速度加快、程度加深，“1+*N*”产业整合、“三定”工作、人均1000吨钢目标明确。

春节后上班第一天，山东省新旧动能转换启动大会的消息刷爆了我们的朋友圈。2月14日，山钢股份也发布了《新旧动能转换三年行动计划》，对我们特钢提出了明确要求：做强齿轮钢、合结钢，齿轮钢国内市场占有率要达到20%，成为国内齿轮钢行业的领军企业。风电用钢国内市场占有率达到30%，引领风电行业用钢市场。突破轴承钢，定位于供应国产一线轴承知名企业，市场占有率达到5%。2019年末，高端齿轮钢、轴承钢、汽车用非调质钢等高端产品比例要达到20%以上，认证产品销售比例要达到30%，产品售价要达到石钢同类产品水平，力争向兴澄特钢看齐。

目标催人奋进，发展时不我待。首先，需要我们统一思想、形成合力。有一则寓言故事非常生动形象：鱼、虾和天鹅是好朋友，它们合力拉一艘船，尽管都使出全力，可船纹丝不动。原来，天鹅朝天上飞，虾向后退，鱼往水里游，看着都很用力，但没有成效。故事虽有些荒诞，但耐人寻味。思想是总开关、总阀门，只有思想上的统一，才有目标上的同向和力量上的集聚，才有行动上的突破。

其次，我们要解放思想，转变观念。坚决摒弃一切不合时宜的陈旧落后思想观念，围着市场转、盯着效益干。以效益和指标论英雄，不断增强市场意识、责任意识、品牌意识和危机意识。去年“质量月”期间，我们走访了忠诚客户——辽宁兴城粉末公司。他们的执行董事说：“现在有些终端客户像卡特彼勒，直接指定我们使用江阴兴澄钢材，逼着我们更换供应商，希望咱们特钢抓紧时间提升产品档次，抓好质量，否则就没有生存空间。”

目前，100吨电炉烟气余热蒸汽发电、小型成材车间钢材精度提升改造等10个项目已通过公司审批并下达投资计划；事业部中型轧钢生产线升级改造项目也已全面铺开，年设计产能80万吨。2018年事业部各产线工艺技术装备水平将进一步提升，产品结构调整力度将会持续加大，这就要求我们练就过硬操作技能，坚持“上标准岗、干标准活”，积极参与到技能比武、网上练兵等活动中，加强对岗位操作的研究，广泛参加OPL单点课培训、标准化作业改善攻关等活动，持续推进标准化作业优化提升，大力弘扬“工匠精神”“劳模精神”，紧跟企业发展步伐。

“岗位连着市场”“客户在我心中、质量在我手中”绝不仅仅是口号。作为一名炼钢工人，你精益操作，就能出好钢，降本增效；身为点检员，你精心点检及时消缺，设备稳定顺行就能少出废品；身为调度，你科学指挥，生产就能更加顺畅，订单就能及时兑现；身为质检人员，你严格把关，不合格品就不会走出厂门；身为门卫，你精心服务、严格管理就代表了企业的形象；还有职能管理等岗位都和市场密不可分。

2018年是深入学习贯彻党的十九大精神、建设“魅力山钢”的开局之年，是莱芜分公司做强做优钢铁产业，是特钢实现“特钢做特、追求卓越”愿景目标的关键一年。按照山钢股份新旧动能转换三年行动计划，自2018年开始，利用四年时间逐步淘汰50吨电炉，将在100吨电炉区域新建一座120吨转炉、连铸及配套设施，再加上今年年底新中型的投用，未来的特钢将大有作为。习总书记说：“幸福是奋斗出来的。”我们只要按照职代会确定的任务目标，撸起袖子真抓实干，必将迎来特钢更加美好的明天。

特钢产品质量，再认识再加力

2017年，特钢事业部产品质量提升工作取得很大成绩，主要包括以下五个方面：一是大力推进质量模块化建设，炼钢一车间、连铸一车间通过了公司模块构建验收，被评为优秀车间。这是继新区炼钢、新区连铸车间通过质量模块试点验收后，第二批通过验收的车间。二是推进产品质量深化年活动，上百个工艺参数和关键绩效指标取得了显著进步。三是推进标准化操作，建立岗位标准化操作模版50多个。四是去年产品质量异议赔偿金额同比2016年下降了20%，这是产品质量提升最有力的说明。五是事业部通过质量相关认证20余个。认证的目的是什么？比如我们生产的12Cr1MoV和15Cr1MoV系列钢种，主要供应江苏常宝公司使用，他们经过热处理及穿管等工序后，再将生产出来的锅炉管道供应给上海锅炉公司，上海锅炉为了保证锅炉质量，要指定江苏常宝的供应商。为了确保管坯产品销路，2017年5月份，特钢事业部邀请上海锅炉公司人员来事业部进行认证，目前已经顺利通过认可，也就是具备了供应资质。2017年事业部老区和新区生产12Cr1MoV、15Cr1MoV等系列钢种共3万多吨，创效益近千万元。

质量的进步值得我们骄傲与自豪！但同时，我们更要清醒地看到存在的质量问题与差距。为了正确认识特钢产品质量在市场中的表现，去年，我们

从下游用户的生产现场带回了大量缺陷试样，在事业部办公楼一楼东大厅展示，同时组织各车间主任和班长去学习。

警示台中的缺陷样品包括内部质量缺陷和表观质量缺陷。内部质量缺陷重点谈谈硬点缺陷：用户在锯料过程中，不能实现顺利锯切，锯到一半，就把锯条打断了。经过分析，就是里面的夹杂物比较聚集的原因。硬点、发纹、疏松，这些内部缺陷产生与炼钢工序钢水脱氧是否彻底有关，与钢包底吹氩过程是否按制度控制流量有关，与连铸工序“三恒”控制有关。而在炼钢、连铸岗位，我们都有现成的操作规程，有标准化操作模板，每个岗位人员的任务就是严格按标准操作。

表面质量缺陷，我们还没有彻底解决，表面裂纹、折叠占质量异议的30%。用户现在基本上都用机械手，若手工操作，看到有裂纹有折叠还能挑拣出来，但机械手默认为材料都是合格的。对汽车行业来说，只要发现有一个缺陷产品流到主机厂去了，就要求整批退货，所以低端缺陷一定要杜绝。

2018年是公司质量强化年，事业部质量工作的重点是：进一步完善质量模块建设，强化过程控制，重点解决钢材裂纹等关键质量问题；优化品种结构，降低质量成本，提升产品质量档次，缩小与国内先进企业的差距，提高用户满意度和市场竞争力。具体措施如下：一是强化质量意识教育和文化建设。以“工匠精神”为引领，树立“零缺陷”为原则的质量价值观，形成人人“关心质量、诚实守信、追求卓越、创造完美、服务社会”的新风尚。二是完善质量管理体系，保证有效运行。三是稳定提高关键原材料质量。四是加强生产过程质量管控。以质量模块落地工作为抓手，提高生产过程标准化管理操作水平，从本质上降低过程质量波动。五是加强各环节产品质量检验管理。完善生产及流转过程中各工序环节的质量检验流程，提高产品检验质量保证能力和检验有效性。六是强化质量风险控制。以 IATF16949 汽车用钢质量保证体系新版本为标准，对重点产品、关键设备工装的质量风险实施专项管控。七是积极采用内训师、黑带、绿带等先进的质量技术方法。八是积极推进实施质量提档升级技改项目。九是推进提升产品质量研发课题。与技术中心及北京科技大学等高校合作开展“高品质齿轮钢开发”等重点研发课题。

把菜做得好吃不难，把菜做得一样好吃那是最难的。麦当劳从一家为过路司机提供餐饮的快餐店，迅速发展成为全球有三万家连锁店的快餐业龙头企业，是因为他们用标准规格的容器、标准重量的原料和水、标准的温度和时间来操作，做出来的味道都是完全相同的。只有严格按标准操作，我们生产出来的产品质量才能更稳定。因此，我们要做到标准化操作、精细化操作，将自己岗位的职责与市场紧密联系起来，共同提高特钢的产品质量。

特钢内部市场化，再认识再加力

2017 年特钢事业部内部市场化取得的主要成绩有：

（1）钢产量超产 6 万吨，其中新区炼钢车间 5 月份首次实现月产突破 7 万。

（2）吨钢利润指标老区边际贡献 456 元/吨，吨钢贡献位列公司第一位；边际贡献全年均完成目标。

（3）开展标准化作业改善项目 28 项，实施操作改善点 136 个，产品质量损失比 2016 年总体降低 22%。

（4）高效产品产量累计 97 万吨，完成高效产品计划的 126%。

2017 年特钢事业部取得了显著成绩，最重要的原因是持续推行了内部市场化管理模式。

但是，我们在总结 2017 年成绩的同时也发现了不足之处。去年二季度开始，事业部在公司内部市场化评审的成绩距离优秀水准还存在一定差距：指标分解不到位，压力传递不畅通，“大锅饭”现象虽有改善但仍然存在；齿轮钢市场占有率下滑、吨钢盈利水平较兴澄、石横略有不足。以上因素就造成了2017年我们的收入虽然比2016年增加，但是没有达到大家的预期。

接下来，我们看看和收入有关的两条消息。

第一条消息：兖矿集团成本下降速度跑赢了煤价下滑的速度，实现利润13亿元，并使“多干有收益、贡献有报酬”真正变为现实，职工收入显著增加。兖矿集团董事长李希勇表示：“这些变革不是煤炭市场回暖带来的，而是通过内部市场化改革实现的。”

第二条消息：江西方大集团九江萍钢发放年终奖金，用一沓沓百元钞票堆成超过1.5米高的现金墙，奖金总额5亿多元。每名职工平均可以拿约5万元人民币大红包。

从以上两则新闻可以看出，内部市场化的实施是直接与职工的收入挂钩的。因此，我们现在对内部市场化再认识、再加力，就是对事业部2018年整体效益及广大职工收益的再认识、再加力。

2018年任重道远。产量任务较重，事业部钢计划量349万吨，较2017年提高14万吨；钢材计划量200万吨，较2017年提高7万吨；成本指标，银前转炉、50吨电炉、100吨电炉各炼钢线吨钢降低20元，本部轧线、新区轧线等4个轧线吨钢材降低10元；产品质量严，质量异议年度损失在2017年基础上降低20%，且质量异议考核比例由2017年的30%提高至50%。产量、成本、质量与我们的收入息息相关。

检验内部市场化推行的力度怎么样，由以下几个标准就可以看出：岗位工资是否纳入绩效考核，比例是多少？是否划分了较为清晰的各级市场主体？日成本核算系统是否完善，工人是否得知当班收入？KPI、绩效是否有明显进步？

从前期事业部各个车间内部市场化调研情况来看，能达到这种程度的班组还不多。新区炼钢车间精炼班组各项指标统计比较全面，但是班组没法测算成本盈亏情况。所以说，2018 年内部市场化还需要我们再加力。那么，我们应该如何“再加力”呢？

2018 年是内部市场化固化、细化、强化之年，即：固化试点经验和五大体系构建路径；细化信息化核算系统在相关工序的拓展，细化对工序成本核算的数据支撑；强化公司车间班组层级全覆盖，强化核算结果的及时公开与严格兑现，强化价格体系在公司一级市场相关工序的优化完善，强化机关科室的市场化考核导向。这些都对我们的工作提出了更高的要求。

首先，改变思想认识。推行内部市场化是时代的必然选择，是事业部发展的必由之路，它是企业的事，更是我们自己的事。在内部市场化推进的过程中，还有“少干活、多拿钱”的思想存在，我们要坚决杜绝这种思想。现在的市场不光要求我们多干、能干，而且要会干，更要比别人干的好。我们先要从思想上发生转变。

其次，如何会干呢？这就需要对标，向先进学习，边干边算、边算边干，让四级市场在班组和个人层面上分解落地，让班组和个人能够算出每班次成本亏盈情况，创造价值和利润、应得的收入等，推动班组、岗位职工独立核算和自主管理。通过结合模块化管理及事业部开展的现场诊断等活动，构建标准化生产管理体系。抓好过程关键工艺环节管控，持续推进规范化、标准化管理和操作，按照立标、执标、评标、提标流程，构建并执行标准化管理体系。

最后，推行内部市场化的根本目的是降低成本费用、消除浪费，提高吨钢、吨材的盈利水平，实现经济效益最大化。去年，事业部在新区开展了一次现场诊断活动，诊断出能源浪费项目 35 项，挖潜 1100 多万元，效果显著。今年我们还要在银前区域、50 吨电炉区域、本部轧材区域分别开展一次现场诊断活动，进一步消除浪费点。车间里的跑冒滴漏，都是企业的成本，是我们的收入。我们应该积极辨识本岗位的浪费现象，查找身边的浪费行为，营造人人杜绝浪费的浓厚氛围。

2018 年值得期待，值得奋斗。让我们积极行动起来，为全面提升特钢内部市场化运营绩效水平而砥砺前行，为不断提升产品核心竞争力，实现特钢做特做优做强贡献自己的力量！

把学习挺在前　把调研沉到底　把改进做到位

型钢厂党委

执笔人：刘军生　常骁　王川

为全面贯彻落实省委、省国资委党委、山钢集团党委以及莱芜分公司党委对“大学习、大调研、大改进”的决策部署，激发全厂党员干部迅速参与其中，认真抓好各项工作的落实，型钢厂党委编发了3篇专题形势任务教育材料。

把学习挺在前

学习是一切行动的基础和先导。深入开展“大学习、大调研、大改进”，必须把学习置于首位，充分利用各种方法和途径，全面掌握“大学习”的要求和内涵，深刻把握工作指导思想和理论方法，结合实际加以研究和吸收，转化为落实具体行动的方向和措施，推动各项决策部署和重点措施落地落实，

不断巩固和扩展学习成果。

把学习挺在前，重点要突出。新时代新任务，需要用新理论知识来武装头脑，指导行动。加强政治理论学习对企业党员干部来说，不仅存在工学矛盾，也还存在学不进、不愿学的“惰性因素”，在理论学习和实践的有效结合上需要下深功夫。浩瀚的理论体系，确实不是每个人投入部分精力就能掌握的。那么，我们就要聚焦重点学习内容。这些内容是精选的理论精华，决不能带着排斥的心态和应付的心理来对待。要静下心来动脑子学，在大脑中“加工生产”出对工作具有指导和推动作用的智慧和方法。要坐下来深度思考，探求工作的改进方向和人生价值实现的根本途径，在学习新知识中有所启发、有所感悟，取得“智胜一筹”的效果。

把学习挺在前，方法要恰当。当前的学习平台和途径很多，但我们的时间、精力以及知识水平都是有限的，既要发挥个人的主观能动性，主动地去学习，又要把自己融入集体，参与集体学习，在相互学习中激发灵感，加深理解。同时，还要进行开放式学习，多听听专家学者的理论阐释和观点解读，不能单凭自己的兴趣来对待理论学习。企业党员干部作为引领者、实践者，更要注重学习，不断更新自己的“认知库”和“理论库”，落实上级党委的部署方向不偏、重点不散、力道不减，快速实现思想升级、作风升级、能力升级，充分发挥引领作用和示范作用。

把学习挺在前，应用更重要。学习在于应用。要把“学习工作化，工作学习化”的理念始终贯穿在工作生活中，在习近平新时代中国特色社会主义思想这一理论宝库中找立场、找观点、找方法、找动力，在落实各级党委的安排部署中创造经验、做出特色、推动工作、做实业绩，学思践悟，融会贯通，坚决杜绝“学做不一致，知行不合一”的片面做法。要把学习收获升华为对事业的感悟、追求和信仰，把学习成果大胆应用到践行“型钢国际领先”的价值使命中，在推动公司加快新旧动能转换、建设“魅力山钢”以及推进“异彩型钢”建设等工作中，开放脑洞，创新行动，达到“争创一流”的目的。

把调研沉到底

“大调研”是事实依据与后期措施相结合的关键环节，是整个活动中历程最长、工作最细、范围最大的一个阶段，是检验“大学习”成果、明确“大改进”方向的必由之路。因此，要秉持“知其然，知其所以然”的工作态度，全力“沉下去、沉到底”，把调研抓严、做细、落实，通过调查“照镜子”，通过研究“正衣冠”。

唯有升维，方可升级。调研，是从客观层面尽可能多地掌握信息，改变主观认知，也就是从主观的一维视角，逐渐实现主观与客观二维视角的转变。出去走一走，看一看，问一问，聊一聊，就是增加更多看问题的角度，帮助我们更加清晰地了解事物的本来面目，避免出现“盲人摸象”似的工作习惯养成。因此，要经常听取各方的意见，把问题细节描绘清晰，把过程细节把握准确，冲破思想藩篱，打破规矩约束，逐渐培养锻炼自身“多个角度看问题、多个思路想方法”的习惯，主动升维，全面掌握，巩固基础，不断在基于事实的调查取证上修正工作路径，提高“经验值”，最终获得能力水平的“升级”。

唯有洞察，方生洞见。洞察，非走马观花，非蜻蜓点水，而是带着问题、带着疑虑，在现场调研过程当中，深刻地发现事物的本质与规律，逐渐归纳利于工作开展的思路，形成独特的洞见。所以，要带着问题抓调研，既要了解当前存在的问题与不足，更要深入了解发生问题的原因，从梳理工作流程、完善工作制度、理顺管理关系、完善工作条件等各环节入手，积极听取各方的建议，逐渐吸收成为自身的一套方法理论，用以指导下一步的改进工作。在调研过程中，尤其要注意保持清醒的头脑，以数据为准绳，明确辨析言论不真、过程不实等情况，牢固树立数据思维，以“钉钉子”精神抓好问题研究。

唯有归因，方能从简。一时的从简只是小聪明，长久的从简才是大智慧。工作中，很多人或多或少都存在着“糊弄”思想，对工作有些许抵制心理，久而久之，问题麻烦一大堆，工作没有丝毫简化，日常事务反而更加繁杂。归根结底，依然是浮在面上，没有“下沉”所致。从思想根源摒弃“糊弄思想”，就要从工作的本质出发，以“究其本因”的态度、以“挖地三尺”的毅力、以“踏石留印”的决心，彻彻底底地发现解决问题。充分暴露问题、剖析问题、找准症结，才能有针对性地“对症下药”，保证大改进环节取得丰硕成果。

把改进做到位

“改进”是检验学习和调研成果，取得成效达到目的的重要行动。必须将“说实话、做实事、求实效、说到做到”的“三实”作风贯穿于整个工作过程，环环相扣，无缝对接，做精每个步骤，做实每项措施，做活每个细节，推动改进落地有声，促进改善效果明显。

改进工作要出实招。立足岗位实际，结合现场情况，对照专题调研发现的问题和征求到的建议，把自己学习思考的方法和解决问题的措施系统化、流程化、表格化，形成步步为营、层层递进、渐次提升的整改措施，变为职工落地落实的实招、可操作的办法。这些措施办法，必须是打破习惯思维、建立在高政治站位和认知水平上，跳出现有技能和经验之外的新的实践尝试。

针对这些“实招”，要广泛征集意见，集聚众智，及时修正效率不高、动作浪费、成本升高、绩效不好的无效成分，切实凸显“改善、创新”的元素。

改进工作要做实功。求真务实，是我们的立世之本、做事之要。要立足虚功实做，坚持实功精做，追求问题的解决、工作的高效以及目标任务的快速完成。要勇于尝试新的更有效的工作方式，不能固步自封，不敢面对新事物，不想使用新工具，不愿接受新变化。面对新时代、新任务、新要求，对每个人都是极大的挑战，容不得懈怠和徘徊不前。我们必须进一步拓展思路，提升速度，增加处理问题的维度、视觉和层次，克难制胜，勇于进取，持之以恒，久久为功。

改进工作要求实效。改进效果实不实，最终的检验标准是每一项改进是否能够达到预期效果，是否真正能够发挥作用。“对标、赶标、超标”是坚持目标导向，推动工作提质提速的重要方法和手段。我们的改进必须以先进标杆为努力方向，在追求实效上向先进看齐，向超越一流奋进，决不能存有“小富即安、稍进则满”的落后意识。要以“居安思危、只争朝夕”的进取精神，科学谋划，真抓实干，把改进做到家，用大改观、大转变、大提升创造新业绩，推动新发展。

践树六大理念　做好四个担当

运输部党委

执笔人：尚和丽

新的重大历史机遇，呼唤新的使命担当。

2018 年，是钢铁产业新旧动能转换的决策落实年，铁路运输作为钢铁生产工艺链条中的重要一环，必须抢抓新旧动能转换的重要机遇。下半年，公司进厂原燃料到达量及产品外发铁运比至少要达到 80%以上。面对新旧动能转换和公转铁的“双转”新形势，运输部党委号召干部职工践树“火车头”精神、“铺路石”品格、“顾大局”意识、“半军事化”作风、“动车组”团队、“一家人”情怀的六大文化理念，在新旧动能转换中做好四个担当。

践树六大理念　政治上有担当

加快新旧动能转换重大工程是实现“魅力山钢”建设的重大机遇，也是钢铁企业转型升级的战略途径和高质量发展的强力抓手。新旧动能转换，是企业发展的现实需要，是每一名职工的责任所在。树立“顾大局”意识，实质上就是一种政治上的担当，是一种全局观。新旧动能转换没有局外人，我们必须充分认识新旧动能转换重大工程的重要意义，在思想上来一场大触动、大洗礼、大变革，在解放思想中统一思想，在统一思想中解放思想。要站在讲政治的高度，增强机遇意识、率先意识、担当意识，踊跃投入到新旧动能转换的火热实践中。要树立“山钢一盘棋”的思想，沿着山钢集团“三年行动计划”这条轴线，站在推进“魅力山钢”建设、做强做优钢铁产业的基准点上，研究政策，抢抓铁路运输发展机遇，不讲条件，不讲价钱，积极作为，贡献力量。

践树六大理念　约束上有担当

锤炼“半军事化”作风，就是强化规则意识，服从命令，听从指挥，令行禁止，雷厉风行，执行有力。随着山钢全面深化改革措施的逐步落地，内部市场化的全面推开，纪律松懈、工作量不饱满的情况，将不复存在。企业不养闲人已是不争的事实。讲规矩、有纪律，既是企业优良传统的价值取向，也是企业改革发展的客观要求，混日子的思想不管什么时候，不管在哪里都行不通。作风影响成效，作风严实工作才能扎实。新旧动能转换，蜻蜓点水、做表面文章不行，好高骛远、盲目蛮干不行，投机取巧、急功近利更不行。在国家作出交通运输结构调整，推进“公转铁”的决策部署后，部领导迅速行动，第一时间在微信群发布信息，让大家开展讨论，专题召开“运输结构调整新旧动能转换战略研讨会”，找准“靶心”，挑明“痛点”，形成了实实在在的思路，拿出了管用的办法。

践树六大理念　做人上有担当

铺路石的特点，主要是抗压、坚忍。我们把铺路石比喻成高尚品格：一是勇于担当，尽职尽责，默默无闻地承受压力，不屈不挠，坚忍不拔；二是甘于奉献，任劳任怨，不计名利，不图虚名；三是扎实务实，不浮华，抱朴守拙；四是善于处下，低调，具有水的品质。甘当铺路石，就是要具有“一家人”情怀，提升人生境界，处理好人际关系，心胸开阔，大度包容，团结协作，和而不同。新旧动能转换号角已吹响，作为钢铁企业的“大动脉”，铁路运输面临诸多挑战，“公转铁”带来巨大运输增量，设备改造升级换代迫在眉睫。人员流失，运量上升，压力凸显。面对诸多困难，要让“敢担当、会担当、善担当”成为领导干部的工作准则，每名职工都要做主人，不做客人，更不做看客，与企业结成命运共同体，共同为这个家尽职尽责。

践树六大理念　做事上有担当

“火车头”是运输部的精神象征，是我们的精神图腾。提起“火车头”，每一名铁运职工都充满自豪感。弘扬“火车头”精神，就是弘扬自强不息、勇往直前、舍我其谁、永不停息的精神。一是担当。担当就是责任，就是奉献，就是勇气，人的价值就在于担当。“天行健，君子以自强不息。”我们要以自强不息、勇往直前的精神对待工作，尽职尽责，永不停息。二是带头。“火车跑得快，全靠车头带。”党员干部就是要身先士卒，做表率，以上率下。三是奋发有为，开拓创新。要保持良好的精神状态，积极向上，斗志昂扬，不怕困难，奋发有为。

一个企业就像一部列车，各段、科室等部门犹如不同功能的一节节车厢，如果仅依靠单位领导“动”，各部门没有动力，内部消耗就会不断增大。打造“动车组”团队，就是让每一个车间、班组、工序、每名职工都自动自发，同心同向。既要明确自身在团队中的位置，不断自我完善、自我革新、自我提高，更要加强合作，在与他人的合作中，增强整体合力。

用拔河精神激励做强做优

板带厂党委

执笔人：翟世广　郭　倩

2018 年 3 月 13 日，参加世界室内拔河锦标赛的莱钢拔河队载誉归来。比赛中，全体拔河队员发扬团队协作、顽强拼搏的精神，不畏强手、奋勇争先，勇夺混合 600 公斤级桂冠，为祖国争了光，为企业添了彩。

众人划桨开大船。一根绳、一条心、一股劲，拔河队员们用实际行动诠释了团结协作的精神。“团结就是力量。”当 8 名队员在一根绳上时，个人的力量便汇聚成“1+1>2”的合力。2018 年，是莱芜分公司深化改革，谋求发展突破的关键一年，需要每一名干部职工发扬“一根绳、一条心、一股劲”的精神，把信心、动力和实干凝聚到一起，团结一心、砥砺前行，推动各项目标顺利完成。

千钧万担在我身。拔河队员王钧在回顾比赛时说：“老队员自觉担当起传帮带的责任，新队员虚心好学、偷偷加练找不足，每个人都把自己当成主人公，为队伍的进步献计献策。”拔河队的成功不是一蹴而就的，更不是一帆风顺的，那是经过了百般磨砺、厚积薄发而获得的。广大干部职工要将拔河队员的担当精神用到岗位上、用到工作中，做到担责、尽责。

顽强拼搏勇争先。拔河队员在大赛中紧咬牙关、力压群雄的画面仍历历在目。他们用坚韧不拔、奋力拼搏的精神，赢得了举世瞩目、为国争光的“王者光环”。在时代的河流中，无数钢铁人的芳华在顽强拼搏、勇往直前中绽放出耀眼的光芒。钢铁行业“严冬”时，我们以攻坚克难的信心、破釜沉舟的决心、锲而不舍的恒心，在学习创新、改革发展的道路上奋力前行。改革发展新形势下，山钢集团提出做强做优钢铁主业、跻身全国钢铁强企前列的宏伟目标，更需要我们用拼搏进取的精神、坚韧不拔的毅力和开拓创新的勇气，直面挑战、搏击市场潮流。

习总书记说：“只要精诚团结、共同奋斗，就没有任何力量能够阻挡中国人民实现梦想的步伐！”“团结、担当、拼搏”的拔河精神是引领我们勇往直前、超越自我的动力。只要我们团结一心，拿出干事创业的担当，拿出勇于突破的拼劲，就一定能在改革发展的进程中大踏步前进，实现做强做优的目标！

手握“平衡杆” 走好“发展路”

炼钢厂党委

执笔人：韩圣鹏

说起“走钢丝”，我们脑海中就会浮现出表演者手持“平衡杆”，行走于钢丝之上的表演场景。表演者不仅练就了高超的平衡能力，还有一根“平衡杆”护体。这就好比我们的企业，要走好高质量发展之路，就得有一根用得顺手的“平衡杆”。

“平衡杆”得选得准。“平衡杆”是用来调整表演者的重心的，其长、短、轻、重都要按标准精心挑选，容不得半点马虎。对于企业来说，要想行稳致远，也得有平衡发展、稳定发展的“平衡杆”。刚刚结束的公司党代会，吹响了“高举习近平新时代中国特色社会主义思想伟大旗帜，全面加强党对国有企业的领导，强化政治引领，加快动能转换，推进做强做优，为建设高质量发展的钢铁强企而努力奋斗”的号角，规划了绿色、智能、可持续的特色发展之路，做出了“两步走”的战略安排，进一步坚定了我们向着高质量发展的钢铁强企阔步前进的决心和信心。这是我们所有人的“平衡杆”“稳定器”和“指挥棒”。

“平衡杆”得用得好。“平衡杆”再好，是否管用还得看使用的人。企业高质量发展的宏伟蓝图已经绘就，具体到每一名干部职工，就应主动融入发展主流，争当生力军，勇当先锋队，在做到思想认同的基础上，合理规划职业生涯，准确定位发展方向。当我们遇到挫折，心态发生变化的时候，当我们行走出现摇摆，不知所措的时候，拿“平衡杆”来“平衡”一下，找找问题出在哪，及时纠偏定向，定定神、凝凝气，然后抖擞精神再出发。

“平衡杆”得常检查。“平衡杆”对于走钢丝的表演者来说，关系着生命的安危，相信不用外人督促，上场前也会主动检查。对于咱们企业和职工来说，关系到发展命运的“平衡杆”也要常审视、常检查。要在企业大发展的宏伟蓝图指引下，坚持用发展的眼光看问题，及时根据时代要求和市场变化，对具体实施措施进行检查、调整。具体到岗位职工，对于自己的“平衡杆”更要加大检查调整的频次，将绩效指标、作业标准常常记在心里，做到班班对照审视、日日反省检查，确保指标的先进性和引领性，确保作业标准的规范性和科学性。只有这样，才能防止走偏、乱向，在平凡的岗位上干出不平凡的业绩。

困难面前莫畏艰

型钢炼铁厂党委

执笔人：李元忠

在实际工作中，我们会遇到各种各样的困难。困难面前怎么办？有一句话说得好："困难像弹簧，你弱它就强。"我们决不能在还未准备克服困难之前，就产生畏难的思想。

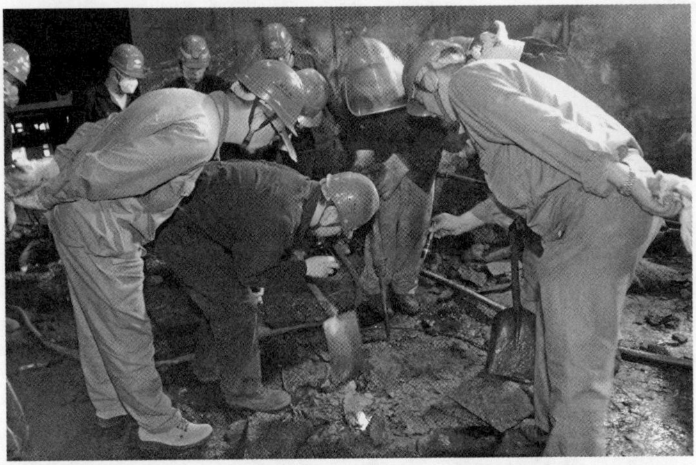

首先，要端正工作作风，作风之于困难，犹如翅膀之于鲲鹏。翅膀硬，鲲鹏才能"扶摇直上九万里"；作风硬，困难才能"服软"，工作方可"直挂云帆济沧海"。在企业改革发展最为困难的时期，一大批工作作风过硬的干部职工，坚持一切从实际出发，系统思考问题，尊重客观规律，讲究科学方法，铺下身子真抓严管实干，切实做到"决策在一线落实，问题在一线解决，工作在一线推进，作风在一线展现"。他们用不畏艰难的优良作风解决了诸多困难，迎来了欣欣向荣的明天。

其次，在困难面前，我们广大干部职工要抖起精神来。毛泽东说过："人是要有点精神的。”这个“精神”强调的就是一种情怀，一种境界，一种不甘平庸、不甘落后、不甘得过且过的血性和气节。在困难面前，我们要发扬三种精神：一是发扬舍我其谁、用我必胜的亮剑精神。以“逢山开道、遇水搭桥”的姿态正视困难，亮出勇气、豪气，亮出激情、魄力，在责任面前不推不让、在困难面前不躲不绕、在问题面前不等不靠，主动对应，积极作为。二是发扬没有条件、创造条件的铁人精神。喊响“困难面前有我们，我们面前没困难”的口号，越是客观条件不具备，越要不断地历练自我、提升自我，不断增强管理水平和工作能力，努力把自己变成推动工作的“最大条件”，靠主观影响客观，用内因改变外因，克服不利因素，促进各种困难的顺利解决。三是发扬自强不息、埋头苦干的愚公精神。邓小平说：“世界上的事情都是干出来的，不干，半点马克思主义也没有。”面对各种困难形势，我们既要保持“乱云飞渡仍从容”的战略定力，又要保持“不到长城非好汉”的进取精神，从一铲一稿下手，从一点一滴做起，靠实干克服各种困难。

提高站位“学” 深入基层“查” 明确目标“改”

板带厂党委

执笔人：郑 毅 王 鹏

“大学习、大调研、大改进”是贯彻落实上级决策部署、全面展开新旧动能转换重点工作的重要举措，也是扎实开展过硬党支部建设、推进“两学一做”学习教育常态化制度化的有力抓手。2018 年，板带厂提出了“打造板带精品基地”的目标。实现这一目标，要依靠学习提高政治站位、增强创新能力，依靠调研查摆短板不足、明确提升方向，依靠改进强化能力素质、提升绩效水平。

提高站位，学而进之。开展“大学习、大调研、大改进”，学习是基础。我们要对“大学习”的重要意义有更加清醒的认识，把握目标要求，强化责任担当，切实学出成效。通过学习增强思想自觉性，提高政治站位，解放思想、创新超越；通过学习增强政治自觉性，积极担当作为，干在实处、走在前列；通过学习增强行动自觉性，找准推进新旧动能转换的着力点、突破点，凝聚企业高质量发展的强大动力。

身入心至，细实调研。开展“大学习、大调研、大改进”，调研是手段。习总书记在中共中央政治局民主生活会上强调：拜人民为师，向人民学习，放下架子、扑下身子，接地气、通下情，“身入”更要“心至”。这就要求我们既要有“要调研”的觉悟，更要有“肯调研”的初心和“会调研”的能力，深入查找在加强基层党组织建设、生产经营中心工作方面存在的短板和不足，明确改进方向和改进措施，为进一步提升党建和生产经营工作水平打好基础。

立行立改，务求实效。开展“大学习、大调研、大改进”，改进是目的。进行“大改进”，应当始于足下，立即开展。要将调研中发现的问题分类梳理，能改的马上改，一时改不了的逐步推进整改。应当拆零分解，用对方法。对调研出的问题，要分门别类、抽丝剥茧，以“钉钉子”精神解决党员干部政治上、思想上、组织上、作风上、纪律上存在的深层次问题，将干部职工队伍历练为攻克难题的坚强团队。应当常改常新，固化成果，将“学习—调研—整改”作为工作的完整闭环，让“边学习讨论、边调研排查、边改进提升”成为常态，用持之以恒的改进换取工作水平的持续提升。

慎终如始　则无败事

宽厚板事业部党委

执笔人：薛升波

前期的季度工作会，宽厚板事业部李涛经理提出：各项工作“慎终如始，则无败事”。“慎终如始，则无败事”语出《老子》第六十四章，话不深奥，理却质朴。事业部李经理在冲刺全年任务完成的当口提出这个要求，是对我们高质量完成2018年工作的一个深刻提醒和警示。

众多的球迷都知道，在足球比赛中的前10分钟和后10分钟非常容易出现进球。前者考验的是重视程度，进入状态快的球队就很容易进球；后者考验的是耐力和韧劲，只要比赛不结束就必须时刻保持专注，严密防守，坚持到终场哨音结束。足球场上的现实也告诉我们“慎终如始，则无败事”这个质朴的道理。

纵观2018年的工作，我们的效益指标、成本指标基本能够确定完成全年任务，四季度的重点任务就是完成全年137万吨的产量指标和保质保量完成

年修工作。完成全年 137 万吨产量任务，四季度至少要达到 30. 2 万吨入库量。算上 16 天左右年修影响产量 6. 4 万吨，我们月产水平要达到 12. 2 万吨。应当说这是一个比较高的产量水平，但并不是无法完成的指标。

要想完成上述目标，除了要做好周密的专业安排之外，更需要广大职工保持一颗初心，秉承清零的状态。我们不怕外部环境的变化，最怕的是自身心态的变化。一位成功登上珠穆朗玛峰的运动员在分享经验时，强调了两个字：下山。“上山容易下山难。”因沉浸于登顶喜悦而麻痹大意，在下山时迷路、失足的登山者，并不鲜见。这启示我们，要想避免功败垂成，必须做到慎终如始。

现在离全年结束还有 50 余天。收官阶段，最是考验人的品质、素质和能力。越是接近目标，越不能懈怠，越应坚持不懈，越要慎终如始。

廉洁从业，做到“知己、知人、知止”

运输部党委

执笔人：姜立松

无论是领导干部，还是普通党员职工，都要把廉洁两字牢牢地烙在心里，做到“知己、知人、知止”。

知己，就要清醒认识自己，明白自己存在的价值和意义，把职责搞清楚，对自己有个正确的定位，明白自己还有哪些优势和不足。如果我们安于现状，不思进取，完善自我就无法实现。现实生活中，我们有一部分人存在懒惰情绪，缺乏学习的热情和动力，混日子的思想占据上风，用句夸张的话说就是：“拨一拨才转一转，甚至拨都不转”。这种现象的存在，是不知道自己的定位，没认识自己的不足。长此以往，不仅对自己造成影响，还可能对同事不利，给单位带来损害。因此，要清醒地认清自己，知道自己的短处，奋起直追。在工作中不说糊涂话，不干傻事，做明白人，做政治和思想上健康的人。

知人，就是熟知了解跟自己接触的人，正确判定这个人是什么样的人，有哪些长处和缺点。知人难，相知相惜更难。我们认识和了解他人，要撇开各种偏见，用事实说话，听其言，观其行，察其色，看其果。是君子还是小人，需要一个时间段来验证。常言说：“日久见人心”。什么样的人交什么样的朋友，通过结交的朋友品行能够看出一个人的人品操守。如果我们经常跟有上进心和品德高尚的人在一起，就会近朱者赤，反之，如果我们总是跟一些品行不端的人在一起，很可能会受到负面影响，甚至学坏。为此，要多结交政治和思想上健康的人。

知止，就是要做到不正确的事不做，不正确的话不讲。《广韵》中讲到：“止，停也，息也。”知止，简单说就是知进退，明去留，就是清楚什么事情能干，什么事情不能干，什么地方能去，什么地方不能去，什么朋友能交，什么朋友不能交等。一言以蔽之，就是要学会行所当行，止所当止，真正做到敬畏法纪，敬畏道德，敬畏人生。惟其如此，才能守规矩、慎言行、少犯错，才能慎独如初、自我克制，才能行得端、走得正。

让环保变成一种工作方式

焦化厂党委

执笔人：马学照

习近平总书记在党的十九大报告中指出：必须树立和践行“绿水青山就是金山银山”的理念。作为一名焦化职工，我们要积极转变观念，从点滴做起，让环保变成一种工作方式。

谈起环保，很多职工总觉得那是领导操心的事。环保督察来了，通知我堵烟，好，我去堵烟；领导让我去检查环保设备，好，我去检查环保设备。“赶鸭子上架，被动而为之”的环保观念还在很多职工心中存在。这是一种很危险的心态。环保问题是制约焦化企业生存发展的头等大事。俗话说：“唇亡则齿寒”。企业因环保问题被停产整顿，遭殃的还是大家。

面对越来越严厉的环保标准，我们要层层传递压力，从我做起，积极对待，主动出击。在技术层面，针对烟气组织排放和粉尘污染，加强炉体的维护，积极引进先进的炉体维护技术，提升炉体维护水平。已经投产的脱硫脱硝项目、上升管余热回收项目等都是在焦炉推行节能低碳，绿色发展道路上的重要举措。在操作方面，加煤、平煤操作要严格执行标准化作业，制定合理的加热制度。在设备维护上，要对地面除尘系统定期进行检修维护；对加煤车消烟除尘设备进行改造，定期维护焦炉放散自动点火装置及雾化炮等环保设施。这些看似无足轻重的操作，对环保却是举足轻重的。

站在环保的风口上，如果我们每个人能够多一点主动，企业就少一点被动。“勿以善小而不为，勿以恶小而为之。”环保不分大小，没有分内分外。让我们立足本职，从点滴作起，把环保变成一种工作方式，形成“人人参与环保、人人重视环保、人人共享环保”的大格局。

质量提升篇

ZHILIANG TISHENG PIAN

产精品　强服务　拓市场

板带厂党委

执笔人：郑　毅　翟世广　王　鹏　郭　倩

在莱芜分公司开展的“大学习、大调研、大改进”工作中，对“大改进”提出了要“不等不靠、即知即改、立行立改，从一开始就改起来、做起来”的明确要求。结合《2017年度第三方用户满意度测评分析报告》中指出的我厂窄带、宽带、冷轧产品的用户满意度均处于平均分以下的实际，厂党委书记/经理王化巨作出要求：要成立产品质量及售后服务课题攻关团队，展开细致调研，围绕提升客户满意度制定整改规划，明确改进措施，全力以赴产精品、拓市场。为增强全厂广大干部职工服务市场、服务顾客的意识，切实对14.4%的顾客抱怨率保持高度警觉，厂党委组织编写了“产精品·强服务·拓市场——为顾客提供满意的产品和服务”专题宣讲材料（共3篇），希望全厂各级党组织和党员干部职工以生产高质量产品为己任，以让顾客满意为目标，把好质量关、站好服务岗，为“打造板带精品基地”、建设“魅力山钢”贡献力量。

让“用户至上”理念深入人心

我们每天生产的产品，以及服务于产品生产的维修、供给、运输和发货等所有工序环节，最终都是为了一个目标——让顾客满意。顾客满意与不满意之间有多大的差距？近期召开的2017年度第三方用户满意度测评分析报告发布会上，对这一问题进行了阐述——100个满意顾客会带来25个新顾客，1个顾客投诉意味着有20个不满意的顾客，获得1个新顾客的成本是保持1个老顾客的5倍。由此可见，做到让顾客满意会让效益倍增，客户不满意会让我们步履迟滞、损失巨大。

对于基层干部职工来说，让顾客满意，意识和行为是两个关键的因素。在思想意识层面，不能就工作谈工作，只顾一亩三分地。要明确为了谁在干，竞争对手在怎么干，我们为顾客干了什么，要善于跳出岗位作业本身，以宏观的视角和用户思维审视自身工作，树立“用户至上”的理念，明确每一个作业行为都是在对接市场和用户。在权衡利弊得失、工序关系的同时，管理的思维理念要进一步转变，以用户满意度作为标尺，站在公司大局考虑问题，策划工作，解决难题，协调关系，凡是有利于顾客满意度提升的行为都要严格落地，凡是不利于满意度上升的管理行为要坚决剔除，以客户的意见建议为导向，快速解决浅层次问题，下大决心解决深层次矛盾，让全公司步调一致，把客户放在首要位置。

在行为上推动满意度提升，首先要从内部建立更紧密科学的市场用户关系。人与人之间相互负责，岗位间建立客户关系，工序间实现价值流动和评价，这是用户满意的要求，也是内部市场化的内涵。管理人员要进一步深化内部市场化改革，严谨考核评价，以“高效生产、优质生产、热情服务”推动市场用户满意度提升。岗位职工要自觉为内部“顾客”提供及时、优质的产品和服务，灵活运用精益管理工具方法改善工作绩效，持续提升生产效率和产品质量，不断提升用户满意度。

把减少客户抱怨作为努力方向

公司2017年度的满意度达到了历史新高，说明我们在产品质量和服务提升方面，确实做了卓有成效的工作。但我们也必须清醒的认识到，并非所有的用户都对我们的产品和服务表示满意，总经理罗登武强调："分数高不一定代表顾客对我们满意，大家尤其要对14.4%的顾客抱怨率保持高度的警觉。"

《2017年度第三方用户满意度测评分析报告》中指出，顾客对我厂产品质量和服务质量方面抱怨较多，板型差、厚度偏差大、卷形不好、包装不紧都是顾客抱怨的主要因素。"冰山理论"告诉我们：如果顾客对产品不满意，只有5%的人会提出质量异议，有35%的人会在不同场合表示不满意，其余65%的人并不表达，但会记在心里，这必须要引起我们的高度重视。因此，全体职工应该把减少和消除顾客的抱怨作为工作重点，在生产组织、质量管控和现场操作过程中，把顾客提出的抱怨当做一份考题精心求解，事无巨细的开展质量问题的整改，力求得到满分。

首先要追根溯源。产品质量是通向市场的基石，是赢得用户信赖的关键。不论是针对包装、外观小缺陷，还是针对产品尺寸、表面质量的大问题，都要认真研究，分析客户这些抱怨的起因是什么？外在表现是什么？怎么杜绝？需要如何协调解决？明确问题整改方向。

其次是立行立改。把顾客提出的问题分门别类、归纳整理，围绕客户提出的问题，积极查找在生产组织、过程管控、成品质量检验等环节存在的不足，严把原料入口、生产过程和成品出口“三道关”，按计划、步骤彻底解决问题。对于难整改、易反复的问题，开展专项攻关，建立配套的绩效考核政策，加快问题整改与关闭周期。

最后是举一反三。一项问题整改完成不是终点，还需要仔细分析出现的问题，其他方面是否有同样的问题存在，日后会不会“复发”？带着这些问题系统查找各工序在工艺、设备、操作等方面存在的隐患，建立质量改善长效机制，做到将问题“一次就处理到位”，彻底消除质量隐患，交出一份让自己、让顾客都满意的答卷。

将顾客诉求作为工作标准

本次发布的《2017 年度第三方用户满意度测评分析报告》对顾客不满意项目进行了归纳，其中窄带产品不满意项 13 项、宽带 12 项、冷轧 5 项，主要内容包含了产品包装、表面质量和性能等多方面的问题。这说明我们在牢固树立质量意识上存有差距，只认为达到行业或企业质量标准就万事大吉，没有更细致的思考问题，没有把顾客的诉求作为工作标准来对待。

目前，我厂的产品结构、工艺装备、质量档次与先进企业相比，还存在着一定的差距。面对这种形势，我们更要在提升产品质量水平上下功夫，以客户需求为标准、以市场评价为准绳，坚持精品战略，不断加快产品提档升

级步伐，提升产品的高端化、差异化、专业化水平，满足市场多元化需求，让产品得到顾客的认可和青睐。

紧盯顾客需求，提升工作标准。从培育忠诚用户和提高品牌竞争力出发，真正从内心深处将顾客“冷暖”放在心坎上，把改进工作落到具体行动上，积极主动识别和满足顾客需求，把顾客诉求，作为评价改进工作的标准，建立完善用户诉求快速反馈机制，积极为用户提供专业化服务，帮助用户科学选择和使用产品，及时解决用户在使用过程中的问题，着力提高用户满意度和品牌吸引力。以市场和客户需求为导向，加强下游工序的工艺和技术研究，积极为用户设计个性化产品，努力满足用户的个性化需求。

正视存在差距，着力寻求改善。正视与标杆企业之间的差距，不断突破思维和能力上限，怀着永不停歇的改善意识，培养根植于企业的改善能力，形成全员参与的改善氛围，进一步把工作做实、做到位。强化服务理念和顾客意识，提高把握市场、服务现场的能力和水平，不断提高产品的创效能力。进一步强化用户服务队伍建设，推行用户服务代表负责制，努力提升用户服务水平。

强化体系建设，打造过硬品牌。持续深化质量模块建设，按照“程序化、标准化、可持续”的原则，不断提高产品质量控制能力指数，努力提质量、产精品、塑品牌。强化全员质量管理意识，大力推进质量管理体系建设，努力在全员参与、持续改进、质量升级上下功夫。扎实开展“质量强化年”活动，加大质量攻关力度，实施全流程质量改善，不断提升质量管理水平与品牌竞争力。

质量月里话品牌

宽厚板事业部党委

执笔人：薛升波

“质量月”期间，为配合质量月活动开展，提升全员的质量意识，推动事业部“品牌厚板”战略的建设步伐，组织编发了以品质创牌、科技强牌、文化兴牌为主要内容的3篇微宣讲材料供广大干部职工学习。

品质创牌　以质为先

市场竞争，质量为先。质量是企业赖以生存的基石、是品牌建设的根本。北宋时期的针铺广告，印着“认门前白兔儿为记”“收买上等钢条、造功夫细针”。千百年来，正是过硬的品质造就了一批中国品牌的百年老店、老字号，至今仍是消费者的信赖品牌，购物首选。时至今日，我们耳熟能详的买空调、选格力，微波炉、格兰仕……无不是挂在嘴边，成为消费者下意识的第一选择。

近年来，事业部确立了“品牌厚板、品质精专”的发展战略目标，核心就是要把我们的宽厚板打造成为钢铁行业耳熟能详、客户信赖的品牌。然而，要想塑造钢铁行业中我们宽厚板的品牌，何其难也？市场经济时代是一个百舸竞帆、不进则退的时代，竞争对手不会因为你资历浅、入行时间短给你让出市场空间；市场用户也不会因为你投产时间短、生产经验欠缺就降低质量标准。在产品质量要求上没有好商量，是没得商量！

塑造品牌，质量是基础。要想在供大于求、竞争激烈的市场中立足，必须要有拿得出手的产品，让客户首选的服务。对此，我们必须要强化质量意识，用精准的操作、精湛的工艺、过硬的质量增强我们塑造“品牌厚板”的底气，接受市场的挑战，经得住客户的挑拣。

科技强牌 正当其时

是什么让格力在空调领域成为翘楚，独享市场蛋糕？是科技！格力，掌握核心科技！

又是什么让中兴集团在2017年上半年同期净利润22.93亿元的情况下下滑为今年亏损78.24亿元。中兴集团的通报耐人寻味：业绩下滑主要由支付给美国的10亿美元罚款以及2018年5月9日发布的《关于重大事项进展公告》所述的本公司主要经营活动无法进行导致的经营损失、预提损失所致。10亿美元罚款折合当下人民币与美元的兑换价格就是66.5亿元左右，占了中兴亏损份额的84%。

拥有自主知识产权核心技术的格力掌握着全球30%的空调市场份额；相反，我国除了华为之外众多所谓的智能手机厂商却在集体为高通打工。现实告诉我们拥有核心技术才是企业的命门所在，既要品质创牌更要科技强牌，要想品牌不褪色，必须提升品牌的技术含金量。

众所周知，厚板生产线是轧钢系统中工艺技术复杂、科技含量最高的生产线代表。要想“品牌厚板”发展战略早日达成，必须要掌握产线的核心工艺，强化科技创新，用工艺的精稳来保证产品的精质、精专。要把核心的轧钢工艺、控制技术掌握在我们自己手里。

科技是决定企业发展和品牌塑造的遥控器，围绕“品牌厚板”塑造，我们还有许多的工艺去深入研究，许多的技术瓶颈去突破。当前，山钢、莱芜分公司改革的风潮吹遍事业部每一个角落，尊崇人才、科技至上的风信扑面而来，我们每一个具有“忠诚、责任、有担当”的厚板人、广大的科技工作者都有用智慧助力“品牌厚板”的责任和义务。

扎根现场、奉献岗位、品质创牌、科技强牌正当其时！

文化兴牌　拼搏能达

文化是品牌的灵魂，品牌是文化的载体。

三流的企业卖产品，二流的企业卖标准，一流的企业卖文化。要想实现品牌厚板的战略目标，必须要在品质创牌、科技强牌的基础上通过文化兴牌，用厚板的文化赋予厚板品牌深厚的底蕴和丰厚的文化内涵，让品牌厚板拥有持久的生命力和恒久的魅力，在参与市场的竞争中实现跨越式提升。

厚板的产品和厚板的人都是厚板出品，都是承载厚板文化、传递厚板品牌的载体。对企业来说，既要轧好钢、树立市场口碑，也要育好人、树立企业形象，更要讲好故事传播企业美誉，让更多用户对厚板的产品和品牌产生文化认同，用文化提升品牌。

厚板的品质在于精专，厚板的文化在于担当。精专的品质来源于精专的追求，精专的追求来源于担当的责任。每一个厚板人都把精专的追求与担当的责任相融合，转化为实际工作中具体行动，用精专的工匠精神专一、专注的干好每一项工作，用心、用脑的干好每一件事，让我们生产的每一块钢板都成为精品的代名词，让厚板产品承载着厚板人的质感。

市场经济就是品牌经济，高质量发展呼唤高质量品牌。只有牢固树立品牌意识，不断提升丰富品牌的品质、技术、文化含量，才能实现发展质量的提高和跃升。

厚板出品，必属精品！道远、任重，唯拼搏方能达！

质量是企业发展的根基

炼铁厂党委

执笔人：史云霞

质量工作是经济社会发展、企业生存发展的永恒主题。结合公司开展的“质量年”主题活动，厂党委特此编发质量形势任务教育微讲坛材料，营造全员关注质量、提升质量的“大质量”文化氛围，动员干部职工进一步增强质量意识，切实强化质量管理，促进质量管理制度化、规范化、精益化，系统提升质量管理水平。

发展之路　质量先行

在社会经济高速发展的今天，“质量就是效益”“质量就是生命”等理念都已深深地扎根于每个企业，任何产品都要经受市场的考验。作为炼铁人应立人立志立业，严把质量关，炼好每吨铁。

质量是一种责任，一个企业如果不能保证生产质量，那么它将失去市场，也就失去了生存的能力。一个真正有生命的企业，是有厚重的质量基础作保证的，一个企业的质量形象，也是靠每一位职工精心培育、打造出来的。生铁质量决定于冶炼控制过程及炉况稳定，过程质量决定于工作质量，工作质量最终决定于全体职工的素质。每一炉铁水的质量光靠某个人的力量是远远不够的，需要我们每一道工序，每一个岗位职工共同努力，才能使铁水质量得到不断提高。强化质量不要仅停留在“心动”“口动”，更重要的是体现在“集体行动”。在工作中处理好上下工序、相邻岗位之间的关系，建立起团结协作的工作作风，增强内部凝聚力，才能共同处理好每一项难题。在提高质量的同时，我们的生产指标也要控制到最优，做到质量优、指标优的关键是稳定好炉况，认真抓好生产过程控制，对每一批来料进行分析，对每一炉的终渣、生铁进行分析，做到第一时间发现问题、解决问题。我们每个生产环节的参与者要层层负责，严格把关，做到谁生产谁负责，保证在控制过程中不出现问题。

质量是企业的生命，是企业发展的灵魂和核心竞争力。质量关系到企业的生存与发展，产品质量已成为一个企业在市场中立足的根本。没有质量就没有市场，没有质量就没有效益，没有质量就没有发展。

质量提升　人人有责

春秋时期，器物的制造者要把自己的名字刻在上面，以便对自身制造器物的质量负责。这种“物勒工名”的做法，促使中国的工匠迅速成长，其工艺水平位居世界前列。对于我们炼铁厂来说，保证每一炉铁水质量，铸造出一流的钢铁产品，就是我们最好的承诺。

质量提升，人人有责。每一位职工都要将质量先行的观念放在首位，建立起质量是产品灵魂的理念。质量是一种责任，一个企业如果不能保证生产质量，那么它将失去市场，也就失去了生存的能力。一个真正有生命的企业是有厚重的质量基础作保证的，一个企业的质量形象也是靠每一位职工精心培育、打造出来的。作为钢铁主要工序的炼铁、烧结环节，必须以建设“质量强企”为目标，以提升产品质量、环境质量为核心，以提升实物质量和质量管理水平为重点，大力营造重视质量、追求质量、崇尚质量、关注质量的良好氛围，强化全员质量意识，规范岗位质量行为，推动产品实物质量升级提档，不断提升产品质量竞争力，促进企业可持续发展。

围绕公司“质量年”主题活动，利用专刊、专题讲座、分级培训、案例分析等形式，加强全员质量宣传教育，切实转变思想观念，不断增强质量意识、精品意识、发展意识。立足每个岗位、每个工序、每个环节，在固化工艺措施、强化工艺纪律、细化管控标准、深化质量攻关等方面积极开展工作。始终坚持高炉稳则全局稳的生产组织理念，贯彻落实“十六字”生产组织方针，抓住生产和工艺流程中的关键环节，明确上下工序之间的界面与权限，以质量模块建设为抓手，强化工序衔接。继续深化精益管理，把精益理念和方法融入质量管理的全过程，对所有的工序、流程、产线进行系统的梳理和研究，明确每一个岗位的操作标准、每一个质量控制点的具体参数，加强过程控制，真正做到“思想不僵化、管理精细化、作业标准化”，全面推动质量管理上水平，为企业持续健康发展作出新贡献。

精益求精 追求卓越

型钢厂党委

执笔人：刘军生 常骁 王川

质量是企业的饭碗！只有产品质量过硬、市场口碑良好的企业才能生存，才能发展，才能具有打造“百年老店”的基础条件。当前，公司上下正在开展“质量月”活动，为进一步提高干部职工质量意识、规范干部职工质量行为、创造一流产品质量，型钢厂党委从加快型钢生产技术研究、推动型钢产品质量升级、开展“走动式”质量管理方法等角度，形成了系列教育材料。

掀起型钢工艺技术研究的新高潮

9月份，全国第40个“质量月”正式启动。我厂也随之召开2018年“质量月”启动会。会上，经理吕智勇对“质量月”系列活动的开展提出了具体要求。其中，提到了掀起型钢第二次工艺技术研究的新高潮。那么，为什么要在如此关键的时间点提出来全员研究工艺、全员研究技术的决定。本期微讲坛，我们共同探讨。

全厂的科技工作者，要有敢为人先的锐气，突破自我的勇气，不断加强工艺技术的研究，强化对工艺技术的研究与应用，冲破观念限制，接纳所有不同的观点与主张，不断开拓自身的工作思路，把工艺技术研究百家争鸣的理想化状态，变为我们型钢生产的生动现实。

那么，应当如何掀起工艺技术的新高潮？

第一，就是要做好工艺基础知识的研究。我们不摒弃他人提出自己的意见和建议，更不排斥他人对我们的工艺设计提出要求。恰恰相反，这正是我们实现自我突破、实现反求诸己的起点，正是我们实现工艺技术研究的起点。所以，我们要加强日常的理论研究，加强日常工艺知识的学习，善于从学习中找到问题，发现问题，延展思路。通过扎实入微的工作，把凭空想象变成实实在在的数字，变成规规矩矩的表格，变成反应在产品上丝毫不差的尺寸。

第二，善于对过去老做法、老经验打问号。过去的不一定是对的，国外的不一定是好的。我们要以“六经注我”的自信，以清空后的大脑，重新审视当前所有的问题，把它们罗列出来，具象化、列表化，不断地反问自己，这是不是对的？还有没有优化的空间？在此基础上，重新审视过去的工艺设计、审视过去的指标参数、审视过去的设计思路，找到根本的解决原因。这样才能在质量要求不断提高的前提下，实现工艺的本质安全化要求。

第三，要做到勤动脑，勤跑腿。立足现场，服务现场。把现场作为真金白银的聚宝盆、作为产生工艺设计灵感的触发器，在现场寻求工作设计的灵感。凡事要以“三现”主义作为工作的标尺，以型钢厂的“三实”文化作为衡量自身工作绩效的标准，推动工作绩效的持续升级。

当前，2018 年的“质量月”已经启动，我们要按照质量月的部署，以工艺技术的本质安全化作为根本前提，不断突破自我设限，加强工作研究，推动型钢厂产品质量迈上新台阶。

将心注入 众愚成智

对每位型钢职工提出如下几个问题：

一是如果以百分数为计算单位，作为一名消费者，你对购买的消费品质量关注程度有多少？

二是作为一名型钢产品生产者，你对亲手生产的型钢产品质量又能关注多少？

我们对产品质量就不应该只停留在口头上的重视，而是要切实把质量放在头等位置对待。

将心注入是责任使然。我们专注的生产型钢产品，就要心无旁骛，就是要把型钢做成国内外高端过硬的产品。20 年来，我们生产的九大系列、500 多个规格、涵盖 10 余个标准的型钢，通过了多国认证，应用于央视大楼、“一带一路” YAMAL 和 AGPP 等国内外重大工程项目，这些成绩的取得，彰显了型钢人弓背前行、引重致远的勇气和追求。拼搏的路上有收获，有汗水，也有很多质量教训。每发生一起客户抱怨和质量异议，都会牵扯大量的精力，影响产品声誉，带来质量成本损失。不论是质量管理理论还是笨办法思维，质量问题都是可以解决的，关键是我们在生产产品的时候是否做到用心、真心、贴心，100%的用心精益操作，就会在最大程度上避免瑕疵产品下线出厂。100%的真心为客户着想，就会急用户所急满足用户所需。100%的提供贴心服务，客户的满意度就会显著提升。因此，将心注入、专注品质，是每个

型钢人的职责所在，必须全力以赴、永不懈怠。

众愚成智是行动必然。生产流程中每个环节都一丝不苟的落实到操作岗位的每个人了吗？每台（套）设备的点检都有明确的点检标准和点检路线吗？每个点检员都是按照路线走步，按照标准抓好落实吗？其他作业规范、操作要领的执行呢？毋庸讳言，所有的规程和标准，大都是我们在付出学费和代价之后总结提炼出来的行动准则，标准一旦定下来，就要求全体职工必须坚定不移地落实执行。不打折扣，始终如一的坚持做细、做精、做对每项规定和要求，自然就会有令人满意的结果。

让“走动式管理”成为撬动产品质量提升的杠杆

在今年“质量月”启动仪式上，经理吕智勇提出了“基于有目的解决问题的现场走动式管理”概念，令大家耳目一新。那么，何为“走动式管理”？它的起源是什么？吕经理又为何在这样一个时期提出了此概念？本期微讲坛，让我们一起来探讨有关“走动式管理”的那些事。

走动管理的概念起源于美国管理学者汤姆·彼得斯与罗伯特·沃德曼在一九八二年出版的名著《追求卓越》一书。书中提到，表现卓越的知名企业，高阶主管不是天天待在豪华的办公室中，等候部属的报告，而是在日理万机之余，经常到各个单位或部门走动走动。该书作者因此建议，高阶主管应该至少有一半以上的时间要走出办公室，实际了解员工的工作状况，并给予加油鼓劲。

具体到型钢厂来说，目前，我们四线生产现场的每个区域、每台设备，都在随着生产在潜移默化的变化，不断地增加着量变，直到发生质变的那一刻。于是，生产过程中的各种问题随之而来，造成设备的非正常运行，进而影响产品的生产和质量保证。如何才能在第一时间发现这种量变，进而消除发生质变的可能呢？那就靠我们的管理技术人员每天要拿出足够的时间，去现场走一走、听一听、看一看，要走得多、听得实、看得细，在不断的走动中实现现场问题的不断解决，进而最大限度地消除发生质变的可能性。

那么，如何建立具有型钢特色的“走动式管理”模式呢？

第一，要提高在走动中发现和解决现场问题的意识。日常工作中，我们也多多少少的在现场走动着，但我们在走动的过程中，是否真正在听、在看、在思考？有多少步是在现场解决问题中踩出来的？这就需要我们提高在走动中发现和解决问题的意识，在提高走动频次的同时，提高走动的效率，真正的深入现场、融入现场、研究现场，让现场变为我们发现问题、解决问题的主阵地。

第二，要加强走动过程中的思考能力。有了走动的意识，接下来要提高的就是在此过程中的思考能力。我们想要我们的产品质量完美，就必须工作在现场、实践在现场、创新在现场、提升在现场，这四个过程都需要不断的、深入的思考才能得以实现。因此，我们要把机械的走动变为动态的思考，在走动中思考、在思考中提升，从而提高我们的工作效率，拉动产品质量提升。

第三，要力戒凭经验和想象解决问题。有很多问题，我们坐在办公室内冥思苦想，却始终找不到解决方案，有的问题解决方案和实际情况出现偏差，这些都是我们远离现场的结果，只有去现场多走走、多看看，根据现场的实际情况制定解决方案，方能实现问题的根本性解决。

2018 年“质量月”活动已经启动，全体型钢职工要按照“质量月”活动方案和各项工作要求，把每项工作理解好，落实好，用“走动式管理”的新模式撬动产品质量不断迈向新台阶，向着“建设世界一流型钢企业”的美好愿景再前进。

呼唤工匠精神回归

特钢事业部党委
执笔人： 赵建忠

2015 年，国务院正式印发了《中国制造 2025》，其核心便是加快推进制造业创新发展、提质增效，实现从制造大国向制造强国转变；2016 年初，“工匠精神”被写进了《政府工作报告》。时代需要工匠精神，企业发展呼唤“工匠精神”回归。

国乃大家，我们赖以生存的企业亦是大家。世界 500 强西门子公司总裁曾这样说道：“精益求精制造产品，是我们德国企业与生俱来的天职和义务”。只有一流的技术才能培育出一流的职工，只有一流的职工才能生产出一流的产品。冶炼卓越产品、打响特钢品牌，除了领先于行业的技术外，更需要高素质、高技能的职工去操作和生产。“工匠精神”的内涵恰恰就是精益求精、精雕细琢，是基于精益生产的存续，又沉淀于精巧技能的延续。

“工匠精神”在企业中回归。它是职业精神、职业技能、职业素养三者的有机结合。它是一种传统，是一种理念，是一种价值趋向，更是一种经久不衰的文化。它是企业的精髓，孕育着企业的内生动力，自上而下形成了一种思想与文化的“融媒体”，在思想中秉承，在文化中传承。

“工匠精神”在企业中的“融”，是要“融”入每一名职工中。融在职工嘴上，融到职工手上，融进职工血液里，融入职工内心中；就是要在车间、班组中全面发动，让所有人如“大国工匠”般对工作认真负责、对产品精雕细琢、对技术精益求精。或许有人认为“工匠精神”就是在重复劳动，这种观点自然是片面的。职工在日趋激烈的市场竞争中，如若能保持专注、严谨的态度，坚持秉承“没有最好、只有更好”的理念，形成良好的爱学习、肯钻研的工作习惯，不断提升自己的专业技能水平，在岗位上出彩，可谓是对“工匠精神”完美的诠释。

在现代社会背景下，越来越少的人能够做到平心静气、持之以恒地做一件小事。但无论是身边微末变化之事，还是企业改革转型之大变，都会被滚滚前行的时代车轮所碾压。不变者，唯有经历了时间的淬炼后，依然散发着灼灼光辉，矗立在苍穹上，亘古如斯，那便是“工匠精神”产物。

现在大多数人或许心浮气躁，停留在表面的豪情壮语。但是经过淬炼，剥落虚华的外衣，反观自身的不足，将自己虚浮如湍急大江般的性子转若静水深流，我们便会发现，所谓“工匠精神”，亦复如精益、严谨、专注、坚持、敬业，仅此而已。

“中国梦”的蓝图已经绘好，发展的康庄大道正铺向远方。我们迫切需要“工匠精神”的传承与延续，以它为依托，促进企业发展，推动国力强盛。需要不等于拥有。让我们全体职工携起手来，在弘扬和践行“工匠精神”的道路上笃定前行，以“产品追求高质量、服务追求高品质”为准则，用“工匠精神”助推实现“强企梦”。

强化质量管理 践行工匠精神

型钢厂党委

执笔人：魏国营

质量是企业发展永恒的主题，优质的型钢产品是推动企业发展的不竭动力。如何保证产品质量，成为钢铁行业盈利的常胜将军，这要依托于现场每一位员工在工作中发挥工匠精神，时刻把“匠心”融入到生产的每个环节。既要对工作有高度的责任感，又要具备较高的技术水平和精雕细琢、精益求精、追求完美的工作态度。

强化质量管理，践行工匠责任精神。今年经理吕智勇在“质量月”启动会上提出要将“产品零缺陷”“产品本质化稳定”作为质量管理的目标，工作目标已经明确，能不能实现我们的愿望，关键看行动。我们必须坚定信心，紧盯任务目标，积极担当作为，狠抓措施落实，扎扎实实的做好每一项工作。进一步增强岗位责任意识，树立从我做起、齐心协力的观念，认真遵守企业规章制度，立足岗位恪尽职守，共同完成好指标任务。树立一次性就把事情做好的理念，工作中带着101%的责任心，遇到困难不推诿、不放弃、反复尝试各种方法，盯紧所负责的指标，围绕产品质量问题出主意、想办法，靠发挥聪明才智多赢“异彩币”，多增加收入。开展岗位质量职责及重点产品质量控制标准的学习，落实质量考核机制，降低缺陷产品的数量，杜绝责任失职生产不合格产品造成的客户抱怨、订单流失。

强化质量管理，践行工匠奉献精神。一个企业要想做出自己叫得响的品牌，必须要有精益求精的敬业态度、不断探索的精神和直面困难的勇气。要将这种工匠精神当作一种人生态度、工作标准、价值追求、文化传统，以“三零”标准：填写记录零毛病、操作设备工具零失误、接受任务零情绪，做到不压事、不误事、不漏事、不坏事。在保证提高产品质量上下功夫，要紧盯现场、服务现场、实践现场，工作中做到脚勤、眼勤、嘴勤、脑勤、笔勤，把爱岗敬业、无私奉献作为一种执着的追求，接受工作不讲条件，执行任务不打折扣，面对困难主动上前，做到干一行、爱一行、钻一行、精一行，人人都做工匠精神的表率，在千锤百炼中闪光。

强化质量管理，践行工匠创新精神，创新工艺技术，提高质量档次。“工匠精神”强调执着、坚持、专注甚至是陶醉、痴迷，但绝不等同于因循守旧、拘泥一格的“匠气”，其中包括着追求突破、追求革新的创新内蕴。研究不同客户的个性需求，划分产品用途，促进产品提档升级技术的开发。针对门架槽内档拉丝压入、腹板挠度缺陷、产品表观质量、内在性能的诊断等问题开展技术攻关，不断提高品种钢质量稳定性；针对矫直辊宽度优化、矫直辊车削进度、矫直机关键工艺设备参数跟踪等工作进行梳理，对各规格初始压力数值进行优化，保证矫直质量的稳定性。

强化质量管理，践行工匠服务精神、强化技术服务，提高客户满意度。一个企业想发展起来，生产的产品能在激烈的市场竞争中有一席之地，就不能一味地追求量，不能求一时之利而毁企业之发展前程。如果产品质量一旦出现问题招致客户投诉，就会引起一系列的不良反应，返工会额外增加成本，而且还会直接影响经济效益，损害企业声誉。因此，我们要坚持“顾客需求就是标准”的理念，围绕用户的质量要求，及时沟通质量信息，针对产品质量存在的不足，快速行动、快速改善，全面提高用户满意度，提高产品美誉度。

无论处在哪个岗位都与质量息息相关，密不可分。因此，我们每个人都要积极行动起来，工匠精神就是要锤炼自身本领、追求卓越质量，以卓越质量铸造精益品牌，赢得市场，把产品做精做好，把企业做强做优，为企业生产经营、改革发展贡献自己最大的力量。

打造有“温度”的产品

型钢炼铁厂党委

执笔人：刘　莹

在北京，有一家“小丑鲜花店”非常出名，他们生意兴隆，分店遍布全国许多省份。一个普通的花店，在鲜花市场激烈的竞争中，能够站稳脚跟并脱颖而出，秘诀就在于他们既能根据不同消费者的需要定制个性化鲜花，也参透了人们在收到鲜花那一刻，希望享受浪漫与惊喜的心理，由员工扮成小丑送花上门，并免费表演精彩的魔术。这种新奇幽默又饱含浓情蜜意的方式，得到了众多消费者的青睐。

小丑送花之所以会产生如此好的效果，就在于这种销售方式满足了人们的情感需求，让普通的鲜花带上了不普通的“温度”，把一种尊重、体贴和关爱的情怀默默传达给了消费者，这种直击内心的感觉，正是吸引消费者的原因所在。

一个企业，要想在激烈的市场竞争中生存并发展下去，它所提供的产品和服务就必须契合用户需求、获得用户认可，这是赢得市场的关键。比如，格力电器针对中国南北方不同属性的寒冷，研发出“太阳式”系列空调，既能满足北方严寒地区极低温度下制热的需求，也能满足南方湿冷环境中除湿升温的需要，让南北方室内都能感受到春天般的温暖，受到了广大消费者的欢迎。正是这种有“温度”产品，让格力这一国产品牌从中国走向了世界。

有“温度”的产品，体现的是生产者以客户为中心的价值理念。山钢三季度工作会议提出了构建“五位一体”协同机制、推进商业模式创新的决策部署，而“五位一体”的核心，就是以客户为引领。作为生产单位，我们或许不与外部市场直接对接，但落实“五位一体”，我们责无旁贷。近年来，通过实施精益管理和内部市场化运营，我们积极构建以下道工序为客户的拉动式生产模式，原料生产以烧结生产为客户，烧结生产以高炉生产为客户，高炉生产又以炼钢生产为客户……只有每一道工序都生产出满足下道工序需要的产品，我们的整条生产线才能充满旺盛的生机与活力。

瞄准客户需求这个着力点、建立与客户共生共赢的新生态，是企业提升核心竞争力和比较优势的必由之路。作为企业员工，我们要自觉树立起“客户需求就是我们的追求”的理念，立足岗位、苦练内功、积极作为，以扎实有效的工作精心打造出有“温度”的产品，为我们的企业以精品赢得市场，实现做强做优贡献自己的智慧和力量。

弘扬工匠精神　争当精益表率

棒材厂党委

执笔人：李文光

当前，从“大国工匠”的选树到“企业工匠”的评选，无不倡导一种工匠精神。工匠精神是指工匠以极致的态度，对自己生产的产品精雕细琢、精益求精、追求更完美的理念。为此，作为企业的每位干部职工无论是在精益管理还是精准操作方面，都应该独具匠心，传承和弘扬好工匠精神。

作为生产一线的操作人员，在日常工作中应认真学习工匠们精雕细刻的品质，立足岗位，从严把产品原料质量关入手，对生产原料精挑细选、严格把关，让各项性能质量参数满足高质量的产品需求。在生产过程中，应严格遵守产品生产的各项操作标准和工艺要求，牢记每一项操作要领，规范每一个操作动作，以高度负责的态度对本工序、本岗位的产品或半成品进行严格把关，满足下道工序或顾客的需要。同时，要持续学习国际国内先进的操作技艺，提高精准操作和控制水平，持续提升产品品质和生产效率，让产品的

各项质量标准达到最佳，让产品的内在性能品质达到最优，全面满足顾客日益增长的产品需求。

作为企业的每名管理人员，应以提升精益管理水平为己任，大力弘扬工匠精神，倡导精益求精的理念，立足本职工作，善于学习先进的管理经验和方法，在精益管理上学习新知识、寻求新方法、探索新途径，持续完善细化本单位各项管理制度，让各项管理有章可依、有规可循，使管理更加精细、规范。要围绕企业管理中的重点难点问题，开展专题攻关，改变传统思维，改善管理方法，加强精益管理工具方法的研究和应用，持续提升管理绩效。

作为企业的每名干部职工要时刻树立“精益从心开始”“改善从我做起”的理念，大力弘扬工匠精神，从点滴入手，从日常小事做起，从每一项工作着眼，将精益管理、精准操作运用到每一道工序、每一个操作动作，将每一个产品做到完美，将每一项工作做到极致，使自己成为践行精益的典范和表率。

深化改革篇

SHENHUA GAIGE PIAN

争当改革先锋　砥砺奋进前行

炼钢厂党委

执笔人：王　鑫　丁书洪　韩圣鹏

随着莱芜分公司“三定”和竞争上岗工作的深入推进，山钢的全面深化改革已进入了深水期，这其中肯定要牵扯一部分人的利益。要发展必须要改革，要改革就要有付出。为进一步让广大干部职工明确面临的严峻形势和所要担负起的责任，切实在企业改革中发挥应有的作用，人人争当改革先锋，以更大的热情参与改革，以饱满的激情支持改革，以积极的心态接受改革，炼钢厂党委组织编写了“争当改革先锋、砥砺奋进前行”系列形势任务教育材料，望各单位抓好学习、抓紧落实、抓实成效，以实际行动助推“魅力山钢梦”的实现。

看准形势　改革当先锋

公司“三定”自进行以来得到了广大干部职工的密切关注，随着《关于下达“三定”方案编制定员总量的通知》等三个文件的出台，标志牵扯着这项最广大群体利益的改革大幕即将开启。面对改革，我们基层广大干部职工要看准形势，勇于肩负起时代赋予的重任，以更加务实、积极、奋发的精神状态，再接再厉，真抓实干，开拓创新，明确责任，身体力行，在企业转型升级、改革发展的进程中当先锋、做表率。

真抓实干，争当推动发展先锋。在改革的关键时期，经历过大风大浪的炼钢人要时刻保持不畏艰难、自强不息的精神状态，时刻保持开拓进取、自强不息的精神风貌，责无旁贷地做好工作，干就要干最好、比就要比领先，努力推动各项工作争第一、创一流。处于改革的攻坚期，各种挑战和阻力都

会浮现出来。唯有破除前进道路上的艰难险阻，才能冲破思想观念的障碍，突破利益固化的藩篱，才能啃下硬骨头，渡过急流险滩，到达胜利彼岸。无论如何改革，干好自己的本职工作是第一要务，我们要拿出勇立时代潮头的气势，敢为人先、超越自我、挑战极致，在复杂多变的环境中捕捉机遇，着力解决影响和制约发展的突出问题，推动改革顺利进行。

开拓创新，争当改革实践的先锋。当前改革进入了深水区，扮演好改革“急先锋”的角色，是时代赋予我们的责任和要求。因此，一定要以高度的责任感，立足岗位实际，带好头，做好事，出实效，抓牢改革发展的“接力棒”。今天的改革是为了明天的生存与发展，每个人都要进一步解放思想，牢固树立抢先意识，善走新路，敢于创新，勇于突破，想他人所不曾想，谋他人所不曾谋，为他人所不曾为，探索实践推进工作的新办法、新举措。要敢于担当、敢于负责，在复杂的矛盾和局势面前不回避、不推诿，不畏艰难困苦的挑战。把工作当事业干，把岗位当阵地守，突破思想的束缚、制度的藩篱和体制的枷锁，在解决热点、焦点、难点问题中找准症结，有的放矢、争先破题，推动企业又好又快发展，助力“魅力山钢梦”的顺利实现。

一分部署，九分落实。再好的改革举措、再完善的改革方案，必须落到实处才能见效。我们要更加强化责任感使命感，以只争朝夕的精神落实好各项改革措施，用实际行动支持改革、参与改革。只有把自己摆进去，想改革、议改革、抓改革，争当改革的促进派和实干家，才能将改革进行到底。

找准位置 当好螺丝钉

1962 年 4 月 7 日，雷锋写道："一个人的作用对于革命事业来说，就如一架机器上的一颗螺丝钉。机器由于有许许多多螺丝钉的连结和固定，才成了一个坚实的整体，才能运转自如……"

这段话放在我们的企业中，同样适用，我们每名职工，就好比是企业这个"大机器"中的一颗螺丝钉，只有我们在自己的位置上兢兢业业、尽职尽责，这台"大机器"才能稳定运转、高效运转。从某种意义上说，一颗颗螺丝钉是不是处于最佳位置，是不是能发挥出最大作用，对企业的长远发展至关重要。

公司"三定"暨管理岗位竞争上岗工作启动会召开，"三定"及竞争上岗工作全面展开。在这个过程中，我们这些螺丝钉们都要紧一紧，调一调，有些生了锈的还要润滑一下，换一换。很可能要触及到我们喜欢，或者已经感到有些乏味的岗位，调整一下我们的位置，动一下我们已经很熟悉的"奶酪"。这是机遇，更是挑战。我们准备好了吗？我们该怎么做？

我们要有站起来的勇气。"三定"及竞争上岗工作，是我们贯彻落实山钢及莱芜分公司人事制度改革有关精神，主动适应现代化人力资源管理体系的需要，也是我们充分激活人力资源、培养优秀人才、提高管理效率，推动炼钢向更高质量发展的一项重要举措，是既利当前、更惠长远的一件大事。每个人都要站起来，接受组织选拔。竞争面前，焦虑、抱怨、患得患失、畏首畏尾，不仅于事无补，反而会让自己疲惫不堪。越是在这个关头，越要沉得住气，静下心来，秉持“团队至上”的理念，牢固树立“一盘棋”思想，个人服从整体，服从组织，把企业的最大利益挺在前面，用勇挑重担的豪气，主动让贤的大度，对照自己的综合素质，对照企业的需要，合理规划自己的职业生涯，相信企业会给我们一个能胜任、能出彩的岗位，实现我们的最大价值。

我们要有坐下去的实力。“三定”及竞争上岗工作，是激发岗位和职工内生动力的一项重要措施，通过定编、定岗、定员、业绩考核，以“人事、劳动、分配”为突破口，实现职工能进能出、干部能上能下、收入能增能减，使能力与岗位配套，使岗位与责任对接，实现人与岗位之间的动态平衡。有一个心仪的位置，并能成功坐下去，也就成了我们当下最热切的期盼，但我们也应当明白，要实现这一目标，最终还要靠实力说话。因此，无论是当下，还是将来，我们最需要做的，还是立足本职岗位，勤学善思，找准需要补齐的短板；主动履职，找准改进提升的路径；精业强能，提高干事创业的能力，确保生产经营各项工作有序推进，带动企业的转型发展和产业升级，实现与企业协同发展，同频共振。

只要是改革，就一定会有阵痛。但这并不是我们裹足不前的理由，为了企业更好的发展，为了我们的幸福生活，我们应该做一个理解改革、参与改革、支持改革的“螺丝钉”，做一个敢担当、能担当、甘奉献、能吃苦、善学习、善创新的“螺丝钉”，化消极为积极，化矛盾为激励，化压力为动力，化困惑为理解，为企业发展贡献我们的智慧和力量！

精准发力　当好排头兵

当前持续升温的“三定”及竞争上岗工作，涉及职位和参与人员之多，方式之新、变化之大，在山钢或者说莱钢人事改革史上前所未有，都是对我们意志、能力、素养的巨大考验。大浪淘沙，谁不想脱颖而出呢？关键还要看我们是不是一颗金子，关键还要看我们能否走在前列，关键还要看我们是不是做到了本岗位或者本行业的佼佼者、排头兵。

争当排头兵，就要走好“最初一公里”。侯军书记在接受新华社专访时表示，“自上而下推动‘三定’工作，实施竞争上岗，就是要让更多新面孔、新生力量涌现出来，让大批‘企业家’‘职业经理人’和各类‘能人’脱颖而出、大显身手!”当前，管理、技术、操作三条通道已经铺就，大家有可能所处的跑道不同，起点不一样高，但标准是相同的，机遇是均等的，我们的起点就是我们现在所从事的职业，我们的舞台，就是我们现在的岗位。虽然，我们跑的速度有快慢，力量有大小，但只要在听到发令枪响起的那一刻，我们认准方向，铆足劲往前冲，就对了。具体到工作中，就是要把手中的每件事认真干好，把该完成的指标完成好，把该补齐的短板修整好，主动工作、精益工作，最大限度地释放自己的潜能，就一定能开好头，起好步，抢得先机。

争当排头兵，就要做到“全程加速跑”。罗登武书记在分公司启动会上提出，“做好‘三定’及竞争上岗工作，打造一支适应企业发展需求的干部职工队伍，是我们开启做强做优新征程的重要前提和迫切需要。”公司对人才培养的重视，是对我们每个人的最大关心，也是压在我们身上沉甸甸的责任，我们只有快速提升自己，做企业需要的人才，快速提升能力，做最有价值的自己，才能对得住这份期盼，才能扛得起这份责任。成才之路无坦途，我们要及时发现存在的困难和障碍，及时作出调整，不仅要跑的稳健，还努力跑出“加速度”，全力发挥出高水平。在这个过程中，要心无旁骛，调整好自己的心态和呼吸；要看准脚下，调整好自己的步幅和速度；要目光向前，紧盯目标奋力赶超；要善于协作，与队友通力配合实现双赢。因为我们都知道，只有冲在前面，才能最先与机遇牵手。

争当排头兵，就要尽快“撞线再出发”。根据公司方案要求，此次竞争上岗聘任期为三年，聘用期满后，须重新竞聘。所以竞争上岗不是“铁交椅”，等我们全都“落坐”后，大家千万不要有一劳永逸的想法，千万不要有歇一歇、等一等的想法，你的停歇正是别人的机会，你的领先优势会因你的懈怠而荡然无存。在这个关口，要有使命感、责任感和紧迫感，尽快熟悉情况、尽快进入角色。充分认识系统学习及日常积累的重要性，充分认识个人的能力素质与企业发展、与岗位要求的差距，做好职业生涯规划，明确改进方向，持续提升综合素质。重整行囊再出发，以更高的标准要求自己，踏踏实实做事，认认真真做人，以更好的业绩回报企业，力争在下一轮竞争上岗工作中取得好的成绩，走上更加重要的岗位。

“潮平两岸阔，风正一帆悬。”“三定”及竞争上岗给我们打通了上升的

通道，铺就了成才的道路，我们要乘此东风，抓住机遇，用好舞台，争当“九化协同”发展事业的排头兵，争当做强做优钢铁产业的排头兵，争当“魅力山钢”建设的排头兵，在组织的检验中展示自己，在竞争的考验中成就自己，创造出属于我们自己的幸福和未来！

居安思危抓改革　精益运营再加力

型钢炼铁厂党委

执笔人：刘　莹

2018年，山钢集团自上而下深入推进改革，从年初全面展开新旧动能转换重大工程，到年中召开持续深化改革专题会议，再到三季度工作会议上提出构建“五位一体”协同机制、全力提升企业本质化运营水平的决策部署，走出的每一步，都表明了山钢将改革进行到底的信念和决心。为认真贯彻落实山钢三季度工作会议精神，切实把精益运营、改革转型等工作落到实处，组织编写“居安思危抓改革、精益运营再加力”系列形势任务教育材料，教育引导干部职工认清当前形势、凝聚改革共识、抓好工作落实，在全厂形成上下同欲促改革、团结一心谋发展的强大合力。

看形势，增强忧患意识

2018年，是所有经历过钢铁市场寒冬的山钢人都颇感温暖和欣喜的一年。这一年，企业经济效益明显好转，发展实力明显提升，走出了经营发展的困境和泥沼，实现了由保生存向谋做强的历史性转变。随着钢材价格的不断上涨和公司盈利水平的持续提升，职工的收入水平也稳步回升，幸福感和自豪感显著增强。这让我们不禁想到：钢铁行业的春天已经到来了吧？我们已经熬过风雪交加的寒冬了吧？

在山钢三季度工作会议上，侯军书记对我们的问题作了认真解答。他指出：近两年，山钢能从低谷中奋起，得益于国家供给侧结构性改革的深入推进，得益于我们驰而不息深化改革的主观努力，但更主要的是借力市场大形势的持续向好，我们并没有解决好竞争能力弱和盈利水平低的问题，还没有找到动态回升中集聚资源能量的明确路径。从这些表述中可以看出，我们自认为还比较满意的好成绩，主要是依赖于市场形势取得的，若是市场再度出现波动甚至是急剧下滑，企业会不会再度陷入“欲生不能”的境地，又能否会再次实现浴火重生？对此，我们还没有十足的把握。

今天市场的好形势，是国家利好政策措施的产物，而钢铁行业体量大、数量多、同质化竞争激烈的顽症，却尚未从根本上得到解决，加之环保承载能力与钢铁及其相关产业发展的矛盾越来越突出，也给企业的生存发展带来了极大威胁，我们还远未达到“任凭风吹浪打，我自闲庭信步”的程度。

山钢的命运要由自己做主，依赖市场不靠谱。古语有云：“天下稍安，尤须兢慎，若便骄逸，必至丧败。”形势和任务要求我们必须立即放下好成绩，以强烈的忧患意识，抢抓机遇、苦练内功，重整行囊再出发。这种忧患意识，是对待工作兢兢业业、精益求精，全力以赴追求卓越的精神境界；是发现问题不等不靠、勇于挑战，坚持不懈攻坚克难的昂扬斗志；也是对未来形势科学分析、精准判断，未雨绸缪积极应对的冷静睿智。作为企业的一名员工，我们必须常怀忧患意识，做到在企忧企、在企为企，顺境中能够居安思危、逆境中能够坚定信念，以自己扎扎实实的工作为企业的发展壮大贡献力量。唯有如此，我们的企业才能真正迎来温暖明媚的春天，才能在市场竞争的滚滚洪流中乘风破浪、行稳致远。

促改革，提升精益运营水平

三季度工作会议的核心要旨是在全集团部署构建“五位一体”协同机制，推进商业模式创新，从而实现企业本质化运营水平的提升。关于“本质化运营”，侯军书记指出：企业向客户提供产品和服务，持续实现利益相关者价值，就必须把握各种资源要素，提升本质化运营水平，这是企业保持基业长青和行业领先的生命基因。山钢当前之所以竞争力弱、盈利水平低，根本原因就在于本质化运营水平不高，要跟上新时代行业发展的步伐，就必须把提升本质化运营水平作为行动纲领的重心，内外兼修、内圣外王。

对于“本质化运营”这一新模式、新观念，或许我们还有点陌生，但国内外很多先进成熟的企业都已在积极抢占特色运营模式和独创商业模式的制高点。比如，海尔集团的“人单合一”商业模式，宝武集团的EVI营销模式，河钢集团的“技术+服务”营销模式等，这些勇立潮头的标杆和一骑绝尘的先锋让我们认识到，虽然近年来在提升企业运营水平方面，我们做出了很多努力和尝试，但在思维的更新速度、行动的落实力度等方面，山钢的确是落后了。面对这样一个以改革求创新、以创新谋发展的时代，今天抱着传统思维定式和经营模式不改变，明天就必将被时代的发展所淘汰。

承认差距是胸怀和境界，缩小差距则靠的是能力和水平。围绕提升“本质化运营”水平，山钢提出了构建以客户为引领，以人才为支撑，营销、生产、研发高效运行的“五位一体”协同机制，这既是企业实现高质量发展的必由之路，也是把改革推向深入的又一战略举措，为下一步我们如何开展工作指明了方向，提供了思路。

作为公司热线生产的重要单位，我们是落实“五位一体”的责任主体。“五位一体”的核心在客户引领，其他四要素围绕客户发挥作用。近年来，我们大力推进“运营转型、精益管理”，在全厂倡树“客户需求就是我们的追求”的精益管理理念，积极探索以客户需求为拉动的精益生产方式，取得了显著成效。下一步，我们要继续以精益运营为抓手，加大各方面工作的改革创新力度，通过实施内部市场化，倒逼各岗位以客户需求为导向，认真落实精准操作、精细管控，更加关注指标绩效的优化和改善，不断推动整个生产流程的提质增效，在公司构建“五位一体”协同机制、提升“本质化运营”水平的新进程中做出积极的贡献。

抓落实，发扬“钉钉子”精神

“千招万招，不落实都是虚招；千条万条，不落实都是白条。”再管用的改革措施，不落实到行动上也只能是纸上谈兵、华而不实。关于下一步工作，侯军书记在会上强调：要找准“温差”“落差”和“偏差”，切实把工作责任落实到位。莱芜分公司党委书记罗登武也多次指出：“抓落实是最大的担当，干成事是最好的落实，安排的工作，干了没有结果不叫落实，真正干成了才叫落实。”厂党委书记刘元意在早调会上也反复强调：“万事严中求、凡事唯实得，要以‘钉钉子’精神抓好各项工作的落实，真正务实功、求实效，实

现精益运营的再提速、再加力。”

“钉钉子”精神源于日常生活中“钉钉子”这样一个普通的动作，虽然非常简单，但却反映了一种工作方法，体现了一种工作态度，更蕴含着一种坚持不懈的力量和追求。发扬“钉钉子”精神，要求我们在工作中做好以下几个方面。

一是锁定目标、心无旁骛。钉钉子要选好目标、精准定位，然后一心一意钉下去，若是钉错了地方，不仅白费功夫，还会影响全局。当前，良好的市场形势为我们大有作为提供了有利条件，我们必须抢抓机遇、乘势而上，迅速将思想和行动聚焦到新旧动能转换三年行动计划、建设魅力山钢“两步走”战略部署上来，将智慧和力量发挥到落实“五位一体”、提升精益运营水平上来，这样我们的工作才能方向准、不错位，才能更有质量、更有效率。

二是把握力度、真抓实干。钉钉子要用力稳当、均衡，力气小了钉不进去，使用蛮力则会把东西砸烂、把钉子钉歪。同样道理，对待工作，一方面不能只说空话、唱高调、走过场，落不到具体行动上的措施，再好也只是一纸空文，提不到议事日程上的目标，再近也只是镜花水月；另一方面，也不能鲁莽行事，搞“一刀切”，要结合单位实际、讲究方式方法，找准工作的切入点和着力点，循序渐进、稳扎稳打地推进，这样才能一步一个脚印，不断积跬步至千里、积小胜为大胜。

三是锲而不舍、久久为功。钉钉子往往不是几锤子就能钉好的，而是要一锤一锤接着敲、一颗一颗接着钉，直到把所有的钉子都钉实钉牢。这就需要一种反复敲打、持久用力的决心和韧劲，不能东一榔头西一棒槌。联系到工作上，就是不能时松时紧、半途而废。当前，企业改革发展已进入攻坚期和深水区，面临的困难和问题，都是难啃的“硬骨头”，绝不是轻而易举就能解决的。这就要求我们必须以百折不挠的信心和勇气，顶住压力、迎难而上，持之以恒、善始善终地干好每一项工作、克服每一个困难，为推动企业健康发展、做强做优提供强大动力，早日实现我们心中“魅力山钢”的美好愿景！

打造新铁运　助力新山钢

运输部党委
执笔人：尚和丽

山钢集团聚焦新目标新使命，在第一次党代会提出建设“魅力山钢”宏伟蓝图。这是落实党的十九大精神的生动实践，抢抓新旧动能转换重大机遇的具体举措，更是新时代新山钢各项工作的统揽、全体山钢人的热切期盼。按照部党委第二专题“走进新时代”的主题要求，本期从新时代培育新动能、新时代涵养新气象、新时代塑造新队伍三个方面撰写形势任务教育材料，以期引导全部干部职工思想上主动看齐，行动上集中统一，同频合拍，精准发力。

新时代培育新动能

山钢集团第一次党代会指出，必须突出钢铁产业在新旧动能转换中的支撑地位。铁路运输作为钢铁生产工艺链条中的重要一环，必须抢抓新旧动能转换的重要机遇，积极培育发展新动能，从中作为，从中受益。

在打造铁运优势上培育新动能。从行业发展看，铁路运输绿色环保、稳定高效的优势进一步凸显，在公司物流体系中的地位越来越重要。从企业内部看，铁路运输比例持续提高，对热线生产的“支撑”日益凸显，各工序以铁路运输为纽带实现高效有序运行。因此，要站在推进“魅力山钢”建设、做强做优钢铁产业的基准点上，在“聚焦”上打造铁路运输新优势。聚焦提升铁路运输量发力突破，统筹优化提质提效提速方案，明晰优化推进路径，激活优势资源。聚焦提升保障能力发力突破，推动形成铁水调送均衡有序，资源配置更加优化的新局面。聚焦提升贡献能力发力突破，持续推进精益运输组织模式，为铁前系统降本与钢轧系统提效提供更具专业性、创新性的全方位服务，打造绿色经济高效的铁路物流新优势。

在提升服务质量上培育新动能。对铁路运输来说，优质服务既是品牌，也是产品，更是饭碗。要把提高服务质量作为主攻方向，全面导入“用户思维”模式，聚焦“目标用户是谁+目标用户要什么+怎么满足目标用户需求”，探索建立精准化服务模式，推进服务质量升级。把树立“顾大局”意识和锤炼“半军事化”作风结合起来，盯紧用户“新需求”“新变化”，以“服务零距离、质量零缺陷”为目标，修订建立服务承诺标准，以高标准引领高质量服务。积极构建工序服务体系，建立“机关服务基层、检修服务行车、行车服务热线”链式服务平台，开展全员服务实践活动，在服务中创造价值，实现共享共赢，开创生机勃勃的优质服务新时代。

在释放创新潜能上培育新动能。企业谋创新就是谋发展，不创新就要落后，创新慢了也要落后。要加快形成以创新为主要引领和支撑的铁路运输模式，加速释放创新潜能。以问题为导向，加大管理、技术创新力度，加快推进“互联网+”“大数据”等技术的融合应用，推进铁路运输管理信息化实现换代升级。优化整合技术资源，以 DGPS、物流系统升级为契机，在新功能开发应用上实现新突破。加快推进铁路线岔、道口、平面无线调车等设备技术升级，逐步实现线路无缝化、钢轨重型化、线岔砼枕化、道口整体化。建立完善课题立项、过程管控和绩效评价于一体的创新管理体系，在营造创新氛围、激发创新热情、培养创新人才上抓紧抓实，为铁路运输持续健康发展积蓄强劲而持久的新动能。

新时代涵养新气象

在全面从严治党的实践中涵养新气象。要打牢理想信念根基，坚持不懈强化理论武装。把学习贯彻党的十九大精神作为当前和今后一段时期首要的政治任务，在学懂弄通做实上下功夫，在结合融合上作文章，提高政治站位，增强全局观念，把学习习近平新时代中国特色社会主义思想的成果变成具体行动和生动实践。开展“不忘初心、牢记使命”主题教育，坚定政治信仰，增强“四个意识”，把“初心”和“使命”融入到企业改革发展的全过程。抓住落实主体责任和“一岗双责”这个牛鼻子，实施明责、定责、履责、追责闭环管控，种好“责任田”。要弘扬和践行社会主义核心价值观，重品行、正操守、养心性，在全面从严治党的实践中，展现新作为，焕发新气象。

在尽心尽责的担当中涵养新气象。要把建设“魅力山钢”的责任和使命扛在肩上，站在集团全局的角度系统思考，审视谋划铁路运输工作，率先担当，积极作为，想在前面，干在实处，要明晰落实的线路图，制定推进时间表，踏踏实实干好工作。要严实工作作风，落实改革举措，自觉加强学习，加强实践，强化执行，毫不停歇地历练担当的真本事，提升成事的真本领，以工作的绩效检验担当的成果。要积极探索建立适合企业实际的容错纠错机制，引导激励党员干部职工担当起该担当的责任，以全新的精神状态建功新时代，建设新山钢。

在狠抓落实的实干中涵养新气象。今年是山钢集团的“落实年”，也是“问责年”，要坚持“实”字当头，“干”字为先，挺起落实的铁肩，迎难而上，全力以赴，精准谋划、部署、推动、落实各项工作。按照“五深化、五支撑”推进路径，持续推进精益管理，固化经验成果，细化工作措施，强化薄弱环节。扎实推进现场诊断、项目管控和专业模块构建，完善内部市场化运行机制，构建具有铁运特色的内部市场化管理体系。强化深度对标，聚焦关键指标，建立“内部+外部”对标体系，补强短板，突破瓶颈。坚持问题导向，开展岗位对标、岗位找茬、岗位提升“三岗”活动，查根源、找不足、补短板。探索建立部、段、班组、个人指标分级攻关体系，推行“PDCA+认真”过程管控模式，盯住行业最高标准、行业最好水平，奋力赶超。

新时代塑造新队伍

突出文化引领塑造新队伍。要发挥好文化的导向、凝聚、规范和激励作用，以山钢文化为统领，按照新形势、新任务、新要求，结合铁路运输特点，推进铁路运输文化体系建设，多途径、多形式宣贯。践行“火车头”精神、“铺路石”品格、“顾大局”意识、“半军事化”作风、“动车组”团队、“一家人”情怀六大铁运文化理念，以六大理念引领干部职工在政治上、约束上、做人上、做事上有新担当，新作为。坚持以优秀传统文化为滋养，开办好“中华好家风”学习讲堂，倡导做厚道铁运人，推动形成爱企爱家、向上向善、家和企兴的文明新风尚。

突出全员提素塑造新队伍。抓实两级中心组学习，做实、做细规定动作，运用好“文史哲”素质提升讲堂和基层实践锻炼平台，锤炼一支信念过硬、政治过硬、责任过硬、能力过硬、作风过硬的干部队伍。落实新时期产业工人队伍建设改革方案，树立“人才是第一资源”的理念，搭建全员提素培训教育平台，学习新知识、掌握新技能、增长新本领。探索研究当好工匠与一专多能的考核评价体系，大力弘扬“工匠精神”，引导职工首先当好工匠，在此基础上，做到“精一、会二、通三”，拓展职业空间，挖掘人员潜力，打造“一专多能”职工队伍，形成尊重知识、尊重创造、尊重人才的良好环境，构建多层次、多渠道、全方位素质提升新格局。

突出“头雁”效应塑造新队伍。要抓牢“关键少数”，带头增强“四个意识”，带头学习贯彻习近平新时代中国特色社会主义思想和党的十九大精神，以上率下、示范引领，形成上下联动，齐抓共进的效应。要带头开展调查研究，深入改进作风，自觉践行“三严三实”，要知人、知己、知止，不主观、不攀比、不自卑、不懈怠，事事处处严以律己，率先垂范作表率，培养好作风，带出好队伍，树立好形象。要主动适应企业改革转型发展的新形势、新变化、新要求，有更大的勇气直面问题，有更大的担当冲破藩篱，以良好的精神状态，积极向上，斗志昂扬，以实际行动带领广大职工在新征程中创造新业绩。

凝聚改革共识　成就职业梦想

公司党委宣传部

执笔人：于泉友

日前，山钢股份莱芜分公司党政集中发布《员工职业发展管理办法》《关于下达“三定”方案编制定员总量的通知》《员工岗效工资制方案》三个重要文件，岗位变革、竞争上岗、薪酬改革等一系列重大改革举措即将付诸实施。改革是大势所趋、民心所向，是加快新旧动能转换、推动企业高质量发展的需要，是企业科学持续发展的大事，是与每个人切身利益息息相关的大事。为了帮助广大员工更精准地把握改革措施、明确改革任务，凝聚改革共识、激发改革热情，以全新的思想、积极的心态迎接改革、参与改革、推动改革，组织编写了本期形势任务教育材料。请各单位结合自身实际，有针对性地抓好学习教育，把全员的思想统一到公司的决策部署上来，为改革措施的落实、改革目标的实现营造良好的氛围和环境。

一、这次改革最大的特点是什么？

这次改革最大的特点就是，变身份管理为岗位管理，并根据岗位工作性质及内容差异划分为管理、专业技术、操作三大序列，并各自细分不同层级，打通三条职业成长通道，建立起了系统、科学的员工职业发展体系。

二、打通员工职业成长三个通道有什么重要意义？

打通管理、专业技术、操作三个通道，既是企业科学持续发展的需要，又是员工成长的需要，是帮助员工实现职业理想的制度性支撑。

首先，打通三个通道有利于企业发展。在当前形势下，员工的管理、技术和技能水平高低，对企业生产经营绩效至关重要。员工技能水平不高，即便生产工艺是成熟的，也会导致产品合格率不高、成材率不高、档次低，从而对企业的经济效益、发展质量产生负面影响。工艺装备系统的升级换代、生产的稳定顺行、新产品的开发，都离不开高水平的专业技术、技能人才。通过改革，让高水平的人才有地位、受尊重，价值得到充分认可，有较高的收入水平，促使优秀的管理者、专业技术人才、技能人才充分释放能力，必将对企业发展带来强大的推动力。同时，管理、专业技术、操作三个成长通道建立起来以后，使得优秀人才集中涌向管理通道的局面得到改观，转变为各有各的成长通道。

其次，打通三个通道拓宽了员工的发展空间。不管员工自身有什么特长，从事的是管理、专业技术还是操作岗位工作，只要肯付出、肯努力，都能够获得相应的展示才能的平台，都能够成长成才。三个通道的建立，让所有员工都可以自主选择成长渠道，自主设计成长历程，实现职业理想。这也是改革的基本目标追求之一。

最后，打通三个通道实现了从身份管理到岗位管理的转变。通过实施三通道职业发展，取消了干部、工人的区别，身份再也不是决定员工职业生涯的决定性因素。并且，三个通道各有各的阶梯，内部是畅通的，相互之间是联通的，员工可以根据职业理想设计和自身能力水平，在各序列、各层级之间进行转换，实现更好的发展。

三、岗效工资制由几个单元构成，与原来相比有哪些重大调整？

员工薪酬实行新的岗效工资制，由基本工资、绩效工资、加班工资、附加工资四个主要单元组成，分别在各项构成中作了很多重大调整。主要有：

（1）工资基数由原来的750元，调整为1000元，其中固定部分按65%发放，其余部分考核发放。

（2）操作岗位序列由原来的10个岗次扩充为13个岗次，标准更加细化，而且还将根据操作岗位岗次划分标准重新核定。

(3) 重新恢复年功工资，按照员工本人连续工龄，每年 20 元计算，体现了员工逐年积累的劳动贡献。同时，取消了技能工资超 200 元的部分。

(4) 明确技能岗位津贴，提高技能人才收入。对操作序列岗位技师及以上层级人员发放技能岗位津贴，月标准为技能专家 3000 元，主任技师 2000 元，区域技师 800 元，主管技师 400 元，岗位技师 200 元。

(5) 上调夜班津贴，适当提高一线倒班作业人员待遇。

1）实行三班制生产的：大夜班每人每班 25 元，中夜班每人每班 15 元。

2）实行昼夜各 12 小时生产班制的：夜班每人每班 40 元。

3）在非连续性生产或无固定工作任务的岗位上值班（值守）的人员：大夜班每人每班 15 元、中夜班每人每班 9 元，实行昼夜各 12 小时值班（值守）班制的夜班每人每班 24 元。

四、工资基数由 750 元上调为 1000 元就是涨工资吗？

根据《员工岗效工资制方案》，工资基数由原来的 750 元调整为 1000 元。那么，这是不是就等同于涨工资呢？严格来说，工资基数的上调不能简单理解为涨工资，这只是对新形势下薪酬体系的科学性调整。简单说就是，工资总额不变，工资结构和分配方式有所变化。一方面是统一工资体系，便于横向对比实际的工资收入；另一方面是优化工资结构，更有利于激励职工的积极性。

五、为什么说新的分配方式更加科学化？

新的岗效工资制，更好地让劳动、技术、管理等要素参与分配，使薪酬体系更加系统化、科学化。以技术要素为例，除了正常参与一般产品生产过程通过创造价值、获取收益参与分配之外，更加突出地体现在通过产品价值、市场效益增量去参与分配。再比如管理要素，通过运用新的管理工具、管理方法，引进新的设备、工艺、材料，使得生产经营效率提升、浪费减少，在效益增量中参与分配。劳动要素也是这样，经济技术指标与技能水平提高呈正相关，在企业效益增量部分体现出员工的价值。所以说，劳动、技术、管理要素参与分配，更加与员工的价值创造相对应，使得分配更加科学，更有正向激励作用。

六、何为员工职业发展，需遵循哪些原则？

员工职业发展是指根据企业发展战略需要，按照员工自身及岗位特点和职业生涯诉求，为员工提供符合其特点的职业发展通道，帮助员工确定个人发展目标，并积极采取措施，激励员工实现目标的全过程。员工职业发展遵循系统性、持续性与动态化的原则。

七、各单位内设机构设置有什么新变化？

各单位内设机构在原设置数量基础上作了进一步优化，并对职能进行了相应调整。其中，公司机关职能部门、直属机构下设室（站、所）；生产单位下设室、车间（站、段、中心），生产单位机关原则上设办公室、政工室/人力资源室、安全生产室、生产技术室、机动设备室等5个职能机构，生产车间按照“专业化、区域化、集约化、高效化”原则设置，规模一般控制在100人以上。

八、三大序列岗位层级如何设置？

根据岗位工作性质及内容差异，划分为管理、专业技术、操作三大序列。管理序列由高到低依次设公司总经理、公司副总经理、部门（厂）经理、部门（厂）副经理、室（车间）主任、室（车间）副主任等6个层级。专业技术序列由高到低依次设首席主任师、高级主任师、主任师、区域师、主管师、业务主管、业务员等7个层级。操作序列从高到低依次设技能专家、主任技师、区域技师、主管技师、岗位技师、岗位操作工等6个层级。

九、新的职称评聘方式与以往有何不同？

按照新的职业发展管理办法，实行评聘分开，而且与原来一直实行的评聘分开相比有了重大调整，今后管理、专业技术、操作技能序列的员工不再聘任职称，但可以依据国家规定参加职称和技能等级的考评获取资格，获取的资格只作为各序列各层级竞争上岗的依据之一。而且，员工收入水平定位与以往相比有了重大变化，更加灵活、档次多、差距大，优秀的专业技术序列岗位员工高的也可以拿到公司副总经理级别的收入。贡献越大，收入越高。不管是管理、专业技术还是操作，同序列岗位内部都有相应的晋升办法，跨序列、跨通道也有具体的办法。并且，从政策导向上，由管理序列转移到专业技术序列岗位岗次，收入提高幅度比较大，目的就是引导优秀人才更直接地体现自身价值，为企业带来更大收益，从而获取更大的回报。

十、员工应该树立什么样的就业观？

顺应改革趋势，每个人都要解放思想、转变观念，主动破除攀比心理，树立“岗位靠竞争，收入凭贡献，地位看价值”的正确就业观。按照新的职业发展办法，只要在工作中刻苦钻研、扎实肯干，技校生也能成长为技术、技能专家。反之，即便是学历再高也不能成为专家，也就不会有相应的较高收入。国有企业不是保险箱，员工能够到达什么样的序列、层级，自身话语权更大，是靠个人争取，而不是企业安排。在新的体系建成以后，基础条件相似甚至相同的员工，未来的发展可能会差别很大。

改革是一项系统工程，是一项“摸着石头过河”的工作，特别是员工职业生涯发展管理、岗效工资制实施等都是全新的机制，涉及方方面面、事关全体员工，不可能做到新政策所有的部分完美无缺、让所有的人都完全满意。因此，全体员工都应科学、理性地对待改革，对待问题不求全责备，对待利益不锱铢必较，以积极的心态迎接改革、参与改革、支持改革，在改革中锤炼自我、提升自我，在奉献企业中彰显更大的价值，收获更加美丽丰盈的人生。

在加快动能转换中担当作为

焦化厂党委

执笔人：陈立朋

加快新旧动能转换是经济发展的必然规律，是关系转型升级、关乎企业未来的深刻变革，是“建设魅力山钢、实现高质量发展”的必由之路。为此，加快动能转换，我们责无旁贷。

转变思想观念，涵养改革定力。“穷则变，变则通，通则久。”作为新时代的产业工人，要紧跟新时代的步调节奏，尽快转变观念，强化责任担当，克服畏难情绪，在解放思想中统一思想，坚决摒弃不想转、不愿转、不会转、不敢转等影响发展的落后思想，彻底根除敷衍了事“口头落实”、打折变通“不全落实”、推诿拖沓“还在落实”等执行不力的问题，切实按照侯军董事长的要求“对着陈旧观念砍一刀、对着经济负担砍一刀、对着低效用工砍一刀”。要涵养改革定力，牢固树立和贯彻落实新发展理念，主动适应和引领发展新常态，增强机遇意识、率先意识、担当意识，以“千磨万击还坚劲，任尔东西南北风”的改革定力学习新知识、武装新思维，善用新办法，及时充电提能，助力动能转换。

大胆实践创新，激发改革活力。持续改进就是创新。任何工作都有改进的空间，只要敢闯敢试、破旧立新、勤于思考、主动作为，善于运用精益管理的工具方法去识别问题、分析问题，就能变问题为资源，化腐朽为神奇，让改善成习惯。为者常成，行者常至。踏上新征程，我们必须立足岗位，行动起来，充分发挥自身智慧和力量，以永不懈怠的精神状态和一往无前的奋斗姿态撸起袖子加油干，一步一个脚印地抓落实，坚决避免“穿新鞋走老路”“新瓶装旧酒”等问题的发生，在勇于摸索与实践中寻找、发展、积累具有自身特色的新动能，切实把创新作为新旧动能转换的第一动力，从修旧利废、查缺补漏做起，从项目改善、技术攻关做起，深化对标挖潜，打造比较优势，积极献言献策，全面提质增效，做到“实”字当头，“干”字当先，“效”字落地。唯此，方能真正激活创新“能量源”，开启发展“新引擎”，助推企业走在新旧动能转换的最前列。

从小事抓　往身边看

宽厚板事业部党委

执笔人： 赵　红

改革是一次蜕变，一次飞跃；可能是一次机遇，一种挑战。随着社会的发展、科技的进步，我们钢铁行业也在不断进步、不断发展，面对瞬息万变的钢铁行业，改革已成为新时代的最强音、主旋律，作为钢铁行业其中一员的我们，也要不断的调整自己，在本职岗位上从最小事认真做起，收到大的效果。

近期，“三定改革”定岗定编的工作已全面结束，面对新的形势，新的机遇，作为基层职工“怎么看，如何干”成为每个岗位的热议话题。在当前企业深化改革的关键时期，需要我们转变观念和作风，牢固树立“一家人、一盘棋、一条心”的思想，让每位职工勇于作自己岗位的“一把手”。这就要求我们打破身边工作的惯性思维模式，将自己的工作想法与指标提升相结合，实际操作向岗位效益看齐。市场化运营是我们推出深化改革的“重拳”，也切实关系到我们每个人的自身利益，作为基层职工在挣工资的同时，我们还要提前想想：这个任务还有没有更好的解决办法，身边还有哪些地方能用这个方法解决，与其他人分享还会有什么好的效果？像这样的“好做法、小点子”在身边还有不少，例如：每次检修前车间技术员都会列一份清单，从大至十几吨的液压缸、小到几厘米的螺栓；“七分准备，三分干”“宁肯事前多跑腿，也不事后多遭罪”成为车间每次检修前的口头禅；在点检员的建议下，班组用班费买来的“儿童抽水枪”，成了现场角落废油的“收割机”，解决了以前现场犄角旮旯的废油清理难、回收难的问题；在仓库挑选合适的设备包装箱，成了班组备件的“中转站”，减少了大伙儿来回领取和倒运的麻烦。

在工作中，从小事抓，往身边看，不放过任何一次学习和展示的机会，

并且善学善用，勤于思考，在“真学、真懂、真用”上下功夫，从实践工作中找经验，使自己适应企业“三定”改革的需要，从自己岗位上的每一件小事做起、做好，才能充当岗位上的主角，才能成为企业改革的主力军，才能在企业改革的主旋律上添加我们自己的那一记生动的音符！

新机构　新起点　新作为

型钢厂党委

执笔人：魏国营

九月下旬，型钢厂结合公司“三定”工作，对厂内部组织机构进行了战略性调整，调整范围之大、涉及人员之多均属型钢厂历史首次，相当于对型钢管理系统进行“系统升级”。截至十月中旬，随着八级干部竞岗工作结束，标志着“型钢动车”管理职能模块已搭建完毕。

充分认识机构调整的重要意义。此次组织机构调整是以内部市场化运营为基础，模拟事业部管理矩阵，“化点为线”变车间单纯管理为“管理+经营”内部事业部职能的转变，每个车间均为产线成本核算中心、生产管控中心和利润倍增中心，四线轧钢车间主任作为产线经理，对本线生产成本、利润和职工收入负责；以产线综合效率提升（OEE）为核心，变“让我干”为“我要干”，对四线轧钢车间充分“分权”“授权”，各产线形成“责权利”相统一的整体，自带驱动力，实现产线自我突破和效率最大化；以破除“条块”

管理、明确"管理界面"为突破口，变"各自为战"为"整体突破"，打破管理壁垒、突破管理界限，杜绝推诿扯皮，促产线效率大幅提升。

尽快理顺管理秩序，确保机构高效运转。新组建的各车间科室无论是从职责权限、分管区域还是从人员划转、责任分工等方面都有较大幅度调整，特别是四线轧钢车间人员相对集中、战线进一步拉长、工作量成倍增加，给车间综合管理带来一定难度。各车间科室要在最短时间内理顺管理流程，适应新结构要求，实现职工队伍整体稳定。一是在迅速召开领导班子会议，明确班子成员各自分工的基础上，尽快推动支部换届选举，完善支部班子建设。二是要结合新单位主要职责，对相关的规章制度、管理流程、管理内容、管理权限等进行梳理、明确和固化，使新机构正常运转有章可循、有规可依。三是要结合职工队伍的变化，以支部为依托，发挥党建思想政治工作优势，将机构调整的重大意义向职工讲清、讲明、讲透，及时了解职工所思所想、所求所盼，洞察职工因机构调整带来的思想波动，靠上去做工作，特别是对新划转人员要重点关照，让他们感受到新单位的温暖，确保职工整体队伍稳定。

新起点新作为在提产增效活动中斩立新功。新机构调整的目的和意义就是提高四线"动车"运行效率，实现管理效率最大化、产能提升最大化和产品效益最大化。当前，整个钢铁行业面临着千载难逢的市场机遇，公司对型钢厂也重新下达了产量及利润指标。各单位要提高站位，把握大势、融于大势、顺应大势，围绕型钢厂全年 253 万吨产量任务，撸起袖子加油干、甩开膀子勇向前，以"积极向上、奋发有为"的姿态，"舍我取谁、敢于胜利"的豪迈，"钉钉子、不服输"的精神，全力投入到完成全年生产经营任务目标中去。一是各单位要紧盯关键性经济技术指标，以产线综合效率提升（OEE）核心指标时间稼动率、性能稼动率、良品率为主要突破点，对影响指标提升的关键部位、重点环节进行系统性诊断，制定科学的管控方案，补短板、堵漏洞，全力提升指标水平。二是各单位要以完成日作业计划为基础确保生产稳定顺行，重点做好加热炉、轧机、锯机等关键设备的本质化安全、生产工艺调整优化工作和科学组织生产等工作。三是充分发挥经济"杠杆"作用，结合月末"两花"奖励由 200 元调整至 300~500 元、专项劳动竞赛大额奖励等激励政策出台，发挥激励的正导向作用，进一步调动职工工作积极性和主动性。四是重点做好现场安全管控工作，各单位以"安全百日无事故"活动为载体，在落实“双重预防体系”做好现场危险源管控的基础上，重点围绕着冬季“四防”工作、现场紧急抢修、设备定修等重点任务和关键时段，加强现场管控力度，确保不发生任何问题。五是充分发挥党建思想政治工作的保障作用，积极开展以提产增效为主题的主题党日活动、专项劳动竞赛和“大众创客”活动，持续为提产增效提供智力支持和组织保证。

精益运营篇

JINGYI YUNYING PIAN

打造“智能+”精益炼钢

炼钢厂党委

执笔人：王 鑫 丁书洪 韩圣鹏

明大势，赢未来。看世界，以智能制造为标志的第四次工业革命的浪潮澎湃，势不可挡。看国内，抢占智能制造“战略制高点”的冲锋号已经吹响。炼钢厂顺应智能制造发展大势，积极落实上级要求，以《炼钢厂智能化工厂规划方案（2016—2020）》为指导，在新区打通了国内首条炼钢–连铸智能制造“示范产线”，为国内钢铁行业推进智能制造提供了山钢解决方案。为融力汇智、踏浪前行，炼钢厂党委编写了“打造‘智能+’精益炼钢”系列形势任务教育材料6篇，分别从精益思维、人才培养、样板引领、智能协同、智慧管理、设备升级六个维度，对智能化钢厂建设进行了深入阐释，以期为智能化钢厂建设积聚更多智慧和力量，为山钢智能制造提供更多解决方案。

“精益+智能”，从“思维”到“行动”

精益思维是什么？在过去，精益思想往往被理解为简单的消除浪费，表现为许多企业在生产中提倡节约、提高效率、取消库存、流程再造等。这仅仅是要求“正确地做事”。而现在的精益思维，不仅要关注消除浪费，同时还以创造价值为目标“做正确的事”。

怎样才能消除浪费、创造价值，支撑钢铁产业做强做优呢？炼钢厂选择了一条绿色、智能、可持续的特色发展之路——打造具有精益特质的智能化钢厂。为实现这一目标，炼钢厂以“精益思维，建智能化钢厂；品格为先，做精彩炼钢人”为“精益炼钢”新愿景，聚力“基础支撑、系统提升、品牌塑造”三大工程建设，以产品精良化、成本精准化、制造绿色化、安全本质化、控制智能化、人才多元化、生产有序化、党建和思想政治工作科学化“九化协同”为途径，从精益思维到精益行动，进行了深入思考和实践。

用精益思维激活智能化钢厂建设“动力源”。2017 年，打造具有精益特质智能化钢厂的蓝图浮出水面，让精益炼钢和智能炼钢建设互相“牵手”，力求用精益思维来发现问题、解决问题，以问题为导向，确立智能化钢厂建设的项目和措施；再通过智能化钢厂建设项目和措施的落地，来更好推动精益管理，实现精益化与智能化的有序对接、相互促进。如为了突破炼钢产能提升瓶颈，相关部门通过现场诊断和精益分析后发现，在转炉到精炼这一生产环节，进行智能吹氩升级潜力巨大，事实证明，在实施了全程智能吹氩自动对接项目后，不仅降低了职工的劳动强度和安全风险，还优化出生产时间 3～5 分钟，为减少过程浪费，实现提产增效，奠定了基础。

用精益行动深挖智能化钢厂建设“效益泉”。公司“五深化、五支撑”战略布局全面推开，力求在现场诊断、项目管控、模块构建、星级现场、内部市场化五个方面持续深化，用业绩管理、对标管理、标准化、信息化、能力提升为精益管理提供强力支撑。炼钢厂把落实上述“精益行动”与智能化钢厂建设进行有机结合，用精益行动加速智能化钢厂建设，用智能化钢厂建设加速精益行动实践，铺就了智能化钢厂建设的“高速路”，也挖出了智能化钢厂建设的“效益泉”。

精益铸魂，乘“智”前行。在打造具有精益特质智能化钢厂建设的征程中，我们要以“运营转型、精益管理”为总抓手，始终将精益思维放在首位，用精益的视觉和行动推动智能化钢厂建设，努力提高精益运营质量和效益，实现“精益化+智能化=效益最大化”的目标，为做强做优钢铁产业，推动“魅力山钢”建设，贡献炼钢人的智慧和力量！

“人才+智能”，从“单一”到“多元”

“坐在宽敞明亮的操作室内，冬有暖气、夏有空调，动动鼠标就能炼钢，活好干了，钢水质量还有保障……”这是干了30余年炉前工的王洪央在一次现场访谈中，说过的一段话。从事简单重复的劳动，已经不能满足发展的需要，原有的人力资源管理难以激活人才的潜能。人才管理机制要转变，我们也要学会慢慢适应。

要适应岗位技术技能需求更加多元的转变。实现智能化生产后，有些岗位清闲了，人员相对富余了，职工职业生涯规划就要提前考虑；有些岗位虽然没变，但要求却更高了，职工综合素质提升就要加快推进。不管怎样，我们都得快速适应新变化，不能守着自己的既有技能，乐享其成，躲在“舒适区”里，享清闲，要对标找差，主动出击，加强学习，争当既懂生产技术又会经营管理，既懂市场化运作又具有智能化思维的复合型管理人才；争当把握行业发展大势，顺应企业发展要求的专业化技能人才，力争在智能化钢厂建设中发挥中流砥柱的作用。

要适应职业素养提升载体更加丰富的转变。智能化钢厂建设，并不是不需要人，而是需要更高素质的人才，尽快打造一支优秀的智能人才队伍是当务之急。为此，炼钢厂将以经营管理人员素质提升、专业技术人员知识更新、职工岗位技能提高为重点，多渠道、多层次、多手段对职工开展职业素养、精益管理、智能制造等内容的培训，以此来增强职工竞争能力和持续发展能力。这对我们每个人来说，都是一个机会，我们要像吸水的海绵一样，快速地充实自己，丰富自己，提升自己。同时，我们也要根据岗位需求和自身实际，自我加压，自主学习，为自己赢得主动，为企业赢得发展。

要适应职业生涯晋升通道更加宽阔的转变。智能化绝不是简单的“无人值守”或以“机器换人”，这一技术变革对专家型、创新型、复合型人才有着强烈的需求。目前，管理、技术、操作三条通道已经铺就，为人尽其才搭建了平台，为提高人力资源利用效率提供了支撑。机会与挑战并存，压力与动力同在，面对企业改革发展的机遇期，我们每个人都要紧盯“设备自动化、人员高效化、管理信息化、决策智能化”的智能化钢厂建设目标，合理规划自己的职业生涯通道，明确方向，选准通道，快速前进，发挥出自己的最大潜能。

人才蔚起事业兴。打造具有精益特质的智能化钢厂，既有对通晓精益化、市场化和智能化的复合型人才的强烈需求，也有对技术变革、节能环保和绿色发展要求的专家型、创新型人才的迫切需要。在人才需求更加多元化的当下，精准定位、快速提升，显得尤为迫切，相信我们每个人都能找到属于自己的位置，站上属于自己的舞台，为打造具有精益特质的智能化钢厂，贡献出最大的智慧和力量！

“样板+智能”，从“领跑”到“并跑”

“老区重点围绕提升4号转炉烟气分析动态控制下智能炼钢水平，打造小转炉智能炼钢‘示范点’，努力成为国内烟气分析技术应用实践的样板车间。新区重点打造4号脱磷炉-4号精炼-4号连铸机智能炼钢流程‘示范产线’，努力成为行业首条智能生产示范线。”这是厂党委书记、经理郭伟达在炼钢厂二届三次职代会上提出的今年智能工厂建设的新目标。那么作为“示范者”和“追随者”，我们又该怎样对自己进行精准定位，又该如何履行好自己的责任和使命呢？

示范者要有“领跑”的实力。首先，要在思想上聚焦。智能炼钢“示范点”和智能炼钢流程“示范产线”建设单位要信念坚定，要明白智能化钢厂建设是顺应国家发展大势、推进新旧动能转换的一个伟大工程，国内没有先例可循，也没有现成答案可鉴。唯有勇往直前，先行先试，才能趟出一条具有我们自己特色的智能工厂建设之路。其次，要在行动上聚力。坚决贯彻落实我厂智能工厂建设规划，认真学习先进理念和知识，积极研究解决工作推进过程中的各种问题，扎实推进智能制造的每一项措施，确保示范点和示范产线高质量完成，真正引领同行业智能炼钢建设水平，切实起到样板示范作用。

追随者要有“并跑”的努力。榜样的力量是无穷的。智能炼钢“示范点”和智能炼钢流程“示范产线”建设的路子趟好了，其他单位和人员要及时跟进。首先，要在思想上同向。真正将自己的工作放在智能工厂建设这个大系统里，进行审视，真正将自己的工作放在示范者前行的轨迹中，进行审视，切实找出思路不清、认识不明等问题，不动摇、不退缩，坚定走智能化钢厂建设的道路。其次，要在行动上跟进。示范者在开拓进取，追随者要及时行动、主动跟进，要紧盯示范者的动作，及时对工作作出调整和改善，跟上前进的步伐。最后，要在前进中协同。前进路上无坦途，失败与挫折在所难免，作为追随者要敢于站在智能化钢厂建设全局的高度，对发现的问题亮剑，为示范者提提醒、献献策，条件成熟，甚至可以“领跑”一段，大家各尽其能，齐心协力，共同推动具有精益特质的智能化钢厂建设提质、提速。

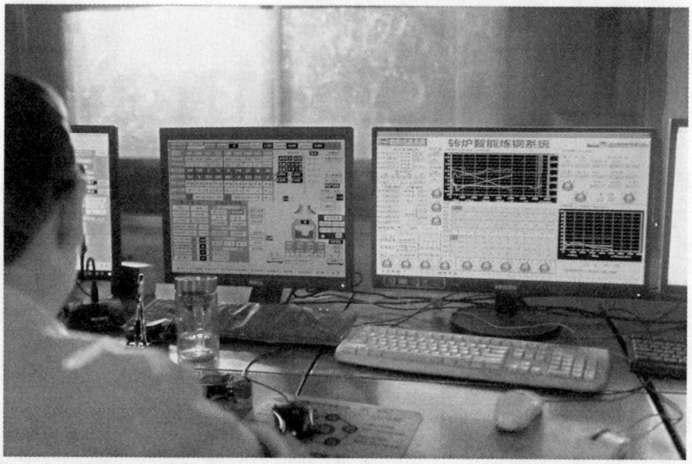

扬帆奋进正当时，砥砺前行谱新章。智能工厂建设蓝图已经绘就，每名职工都要肩负起几代炼钢人的梦想与嘱托，以实现智能炼钢为己任，全身心

投入示范点和示范产线建设中，以优异成绩在国内甚至国外同行业中叫响山钢智造品牌。

“协同+智能”，从“独行”到“众行”

“独行快，众行远”是一句阿拉伯谚语。习近平总书记曾多次在讲话中引用过这句谚语。浅显的话语说出了团结协作、共赢共享的重要性，发人深省。它适用于治国理政，同样适用于智能化钢厂建设。

对于打造具有精益特质的智能化钢厂，在《炼钢厂智能工厂规划》中是这样定义的：智能化炼钢厂就是通过网络化构建和程序化安排，建成人、机器和信息相互联通，控制设备自动高效运行，精准掌握生产节奏，集成各工序和生产流程中的资源信息等大数据管理，实现订单、计划、生产、质检、销售、服务在内的智能化动态运行系统，实现准时、高效的智能生产。

从中不难看出，智能化钢厂是一个系统工程，不是一个孤立的存在，需要“万绿丛中一点红”更要“百花齐放春满园”，仅仅满足于一个工序的智能升级的思想是狭隘的，仅仅依靠单打独斗是难以实现的，只有工序之间、工友之间携起手来，全系统均衡发力，齐头并进，我们才能在智能化钢厂建设的征程中，走得更快，走得更远。

团结协作才能寻求突破。在 2018 年全国炼钢-连铸生产技术会暨连铸学术年会上，炼钢厂受邀作了《炼钢-连铸全流程智能制造技术创新与实践》的专题报告，与会专家和学者对炼钢厂所作的报告给予了高度评价，认为炼钢厂在全工序智能炼钢建设实践方面取得了宝贵的经验，已经走在了国内同类型企业的前列，具有很好的行业示范和引领作用。智能炼钢从经验炼钢到“一键式”炼钢，到全程无干预智能炼钢，再到打通炼钢到连铸首条智能示范产线，这是炼钢厂全体职工历经10余年共同奋斗的结果，是全体职工立足本职，团结协作的结果。从中我们也不难看出，建设智能化钢厂绝非一蹴而就，只有坚定目标，砥砺前行，团结奋进，才能实现更大突破，取得更大成功。

工序协同才能行稳致远。智能化钢厂建设不单纯包含炼钢工序，还有原料、连铸、精炼以及相关辅助工序，分脱硫单元、混铁炉单元、转炉单元、精炼单元、连铸单元、公辅单元（包括行车单元、泵组单元、计量单元、动力能源测控单元）等6个工序单元，目标是让炼钢整个链条上每个环节都要实现智能化。要实现这一目标，各工序需要目光向内精准发力，更需要协同发力，联合攻关，认真践行好“一级为一级把关，一级为一级服务”的理念，在做好本岗位智能改造升级工作的基础上，积极为上下道工序提意见、解难题，全身心投入，全工序发力，抱团奋战，积聚合力，为智能化钢厂建设贡献出最大力量。

人心齐，泰山移。上下同欲者胜。公司已提出了宽厚板钢轧一体化智能制造示范线建设的目标，敢为人先、勇于创新、不甘落后的炼钢人，一定要在这场改革巨变中有所作为、有所担当，同向并行，团结奋进，让炼钢这面红旗在公司做强做优和新旧动能转换征程中熠熠生辉。

“信息+智能”，从“孤岛”到“智联”

轻点一下鼠标，一炉钢水就会在全程无干预的情况下炼成。

轻点一下鼠标，通过炼钢厂精益运营管控系统，就能时时掌握生产经营动态。

我们在享受“轻轻一点”的畅快，感受智能工厂建设带来的方便与快捷时，是否意识到信息畅通的重要性呢？试想一下，没有对各类生产信息的精准采集、大数据分析，没有各类信息的互联互通，我们还能畅享这份“智能套餐”吗？答案当然是否定的，恐怕我们把鼠标点坏，也不会有任何反应。

21世纪是信息化时代。打造具有精益特质的智能化钢厂更需要信息化的支撑。在炼钢厂二届三次职代会上，炼钢厂吹响了加强信息化建设的号角，加快了推进信息中心建设的步伐，下一步将以炼钢厂数据交换中心、存储中心、管理中心建设为重点，做好信息系统集成升级，形成炼钢厂大数据支持系统，彻底打破“信息孤岛”。开发形成统一的信息发布平台、协同工作平台、日常办公平台、知识管理平台，提高管理效率和工作质量，为管理和决策的科学化创造条件。

目标可期，催人奋进。打破“信息孤岛”，将真正打通智能钢厂建设的每一个“神经元”，将真正实现人、机器和信息相互联通，控制设备自动高效运行，将真正实现各工序和生产流程中的资源信息等大数据管理，构建起包括订单、计划、生产、质检、服务在内的智能化动态运行系统，实现真正意义上的智能互联。

在这样的一个系统内，我们将会实现智能计划排产，做到多工序、多设备生产的精细排产和智能化调度。我们将会实现智能生产协同，通过大数据、云计算等新技术的共同作用，做到车间级的协同制造；我们将会实现智能设备互联，做到信息化与生产设备等物理实体的深度融合，做到设备数据共享分析、设备状态实时监控、设备运行可视化；我们将会实现智能决策支持，汇集企业所有系统的数据和各类数据源，为管理人员了解生产信息、分析问题、决策执行提供帮助。

信息化为具有精益特质的智能化钢厂建设插上了腾飞的翅膀，将会加快物联网、大数据、云计算等信息手段与钢铁制造流程的设计、运行、管理、服务等各个环节的深度融合，将会加快实现信息深度自感知、智能化自决策、精准控制自执行、自适应等功能，为有效优化制造流程，提升全流程运行过程智能化控制和管理水平，提供了强力支持，也必将为做强做优钢铁产业奠定坚实基础。

“设备+智能”，从“手动”到“自动”

2017 年 5 月 27 日，中国围棋高手与阿尔法狗展开较量。最终，围棋高手落败。随后，阿尔法狗退役。阿尔法狗就是一台机器，唯一不同的是他拥有了超出人类的智能。从中我们不难看出，一旦设备有了智能，它的潜力远远超出我们的想象。

《炼钢厂智能化工厂规划方案（2016—2020）》提出了建设“设备自动化、人员高效化、管理信息化、决策智能化”的智能炼钢厂的目标，将“设备自动化”摆在了首要位置。从中不难看出，炼钢厂对设备自动化改造、智能化升级的重视。那么，天天与设备打交道的我们，能做些什么呢？

我们要把设备当做“智能伙伴”。随着智能钢厂建设步伐的加快，智能炼钢、智能精炼、智能连铸等技术，逐步得到推广应用，设备再也不像我们原来认为的那样，拨一拨，动一下，而是变得越来越聪明，越来越灵巧，很多工作他不仅自己就会干，干起来还不走样、更加精准。我们在为自己从繁重的劳动中解放出来而欢呼时，是否应该思考一下：我们该如何和这个越来越聪明的“伙伴”打交道呢？如果还是按照使用与被使用的关系进行处理，显然已经不能跟上时代步伐。我们应将设备看作是一个“智能伙伴”，通过不断学习去深入了解他，互相适应，协同工作，在人机之间形成配合与维护的默契，让设备稳定运行、高效运行、智能运行，推动智能钢厂建设快速前进。

我们要为设备提供“智能管护”。目前，炼钢厂已经建成了相对成熟的设备管理模块，依托故障管理、精益点检、检修管理、备件管理、润滑管理、业绩对话等子模块，正在从本质上解决点检流程、点检标准、点检责任落实、备品备件管理等问题，初步实现了设备点检、定修、润滑等的智能管理。下一步，炼钢厂还将继续推进模块功能优化，实现设备数据自动统计、分析、评价，有效掌握设备劣化趋势，提高预知预控水平。我们也要适应设备智能管理的要求。不仅要加强新技术、新的管理手段的学习，更要转变思路，向着专家型、创新型、复合型设备管理人才的方向迈进，及时跟上企业发展的需要。

我们要推动设备的“智能升级”。目前，公司正在加快推进各产线智能化改造，扩大数字化车间和智能工厂试点范围，高质量建设（炼钢—宽厚板）钢轧一体化智能制造示范生产线，努力打造全省智能制造发展样板。要实现上述目标，势必将加快设备“智能升级”的速度。虽然，老区基本成为国内烟气分析技术应用实践的样板车间，新区基本成为国内首条炼钢-连铸智能制造“示范产线”，全程无干预自动炼钢自动出钢、烟气分析等核心技术填补国内空白，得到了行业的高度认可和评价，但要实现真正意义上的智能化钢厂，还有很远的路要走，需要我们按照建设规划，扎实做好设备的智能升级。只有这样，我们才能为打造具有精益特质的智能化钢厂打基础，才能助力“魅力山钢”目标实现添动能。

厚植“TnPM”新优势　再创精益管理新业绩

炼钢厂党委

执笔人：王 鑫　韩圣鹏

2018年10月24日，莱芜分公司召开精益TnPM体系建设启动大会，会上王培文副总从“充分认识精益TnPM体系建设的必要性、重点把握精益TnPM体系建设中的几个关键点、扎实推进精益TnPM体系建设”等三个方面作了重要讲话。11月9日，炼钢厂召开精益TnPM体系建设启动大会，对相关工作进行了安排部署。为了便于大家深入了解精益TnPM体系建设的重要意义和推进措施，炼钢厂党委编写了“厚植‘TnPM’新优势、再创精益管理新业绩”形势任务教育材料3篇，从体系建设需要体现“三个特性”、做好“三个结合”、展现“三个状态”等方面，进行了详细解读，以期达成共识，凝聚合力，厚植“TnPM”新优势，再创精益管理新业绩，为“魅力山钢”建设贡献更大力量。

精益TnPM体系建设需要体现“三个特性”

推行全面规范化生产维护—精益TnPM设备管理体系（以下简称精益TnPM体系），目的很明确，就是为了进一步提高设备管理水平，强化基础管理，改善作业环境，规范管理行为，提升职工素养，巩固和深化设备精益管理成果，推动设备管理工作由被动型向主动型转变，由粗放型向精益型转变，由生存型向做强做优型转变，实现设备管理系统化、规范化和常态化运作。而要实现这一目标，在推进的过程中，就需要体现“三个特性”。

首先，要充分体现全员性。TnPM指的是全员参与为基础的生产和设备保养维修体制。也就是说体系建设不是一个部门、一个单位、几个人就能完成

的，需要大家共同谋划、共同推进。我们都要围绕自己的职责，开展行之有效的工作，以精益为理念，以目标为导向，以过程规范为保障，以闭环管理为手段，按照全面规范化生产维护体系的要求，系统改善设备管理运作机制，形成设备综合效率可持续提升，企业可持续发展的设备管理机制，实现由“事后管理”向“健康管理”转变的设备管理提升目标。在这个过程中，作为管理技术人员更要率先垂范，发挥关键作用，按照“既要懂管理也要懂设备”的复合型要求，带头学习研究 TnPM 建设，并广泛应用到具体实践中。

其次，要充分体现系统性。体系建设是系统工程，各个环节的关联性、耦合性非常强。我们要加快谋划与公司“1456”架构的深度对接，不断完善和明确每个阶段对应的核心任务，形成系统性的、渐进式的整体推进模式，指导精益 TnPM 体系建设。根据职工需求，系统抓好业务培训，构建自上而下的“五维”（素养维、数量维、层次维、技能维、时间维）培训体系，有针对性的组织现场指导、OPL（单点课）、OPS（合理化建议）和六项改善活动，使每名干部职工都能够理解并接受全员设备管理理念，充分掌握自主维护的工具、方法、手段、流程等，自主融入到体系建设中，进一步提高敏锐捕捉问题、自主解决问题的能力。

最后，要充分体现规范性。TnPM 体系强调的是规范，以“规范一切，一切规范”为推行方针，在标准规范中统一思想、统一方法、统一行为，做到标准规范与实践相结合，最终提升设备综合效率和完全有效生产率。在规范设备寿命周期方面，我们要努力践行“设备一生管理”“从规划设计阶段就要介入”的理念，充分依托设备精益化管理综合信息平台，对设备使用寿命数据进行科学识别，从而将每个备品备件的平均寿命、最低寿命、经济寿命、招标寿命等明确下来，实现维修效率最大化和成本最小化的目标。在规范现场管理方面，我们要充分做好四个标准化与现场四要素（6S、6H、可视化、定置化）的充分结合，积极开展寻找“六源”、清除“六源”工作，主动养成自发自主的规范行为，从而打造整洁、高效、防错、有序的生产环境，保障生产稳定顺行。

精益 TnPM 体系建设需要做好“三个结合”

根据公司总体策划，精益 TnPM 设备管理体系建设从 2018 年 9 月到 2022 年 8 月总周期为 4 年，每年一个阶段，分四期推进。实现“通过夯实设备管理基础，向现场要效益；通过全员参与，向维护要效益；通过提升技能，向人才要效益；通过系统运作，向信息化要效益”的目标。我们目前处于第一阶段，主要任务是搭建精益 TnPM 项目组织和推进制度，围绕现场四要素管理和全优润滑管理开展工作。那么，我们究竟应该怎么样才能踏准节拍，跟上节奏，发挥出体系建设的最大效益呢？

首先，要注重与重点工作相结合。构建精益 TnPM 体系，是推动设备精益运营的重要抓手，我们不能简单把这项工作当作一项活动来对待，需要统筹谋划，长期坚持，系统推进。目前，我们的工作重点仍然是稳步提产提质、降本增效。相应的，精益 TnPM 体系建设也要以此为主线展开。因此，我们要把精益设备管理思想贯穿到工作的全过程、各环节中，与当前推进的重点工作融为一体、相互促进，切实树立“设备外观和现场面貌真实反映设备管理本质”的理念，牢牢把握“高标准、严要求、重实效”的原则，创新工作方式方法，提高现场工作效率，抓事项落实、抓问题整改、抓品牌建设、抓监督考核，打造一目了然的生产现场，系统提升设备保障能力和现场管理规范化水平，确保基础工作大提升、重点工作有突破，为生产经营任务目标的完成保驾护航。

其次，要注重与机制建设相结合。无规矩不成方圆。有效、持续推进精益 TnPM 体系建设，需要机制保障。持续深化一专多能、点检员分档考评、外委替代等制度，研究制定全员设备管理绩效跟踪评价机制及阶段成果共享机制，是对体系落地的强力保障，也是对想做事、能做事、做成事职工的最大爱护，相信通过科学制定考核制度、考核指标，严格考核机制，一定能增强广大干部职工抓好工作落实的思想自觉和行动自觉，形成共同提高、共同进步的工作格局。

最后，要注重与智能制造相结合。打造具有精益特质的智能化钢厂，需要强大的设备支撑，巩固智能制造取得的成果，需要精益 TnPM 体系予以保障。当前，炼钢厂基本打造成了国内烟气分析技术应用实践的样板车间、国内首条炼钢-连铸智能制造“示范产线”，但我们也应清醒地意识到，在智能化控制的精准度及信息化自动化的集成度上，我们做的还不够，还有很长的路要走。我们要紧紧围绕“精益思维，建智能化钢厂；品格为先，做精彩炼钢人”的“精益炼钢”新愿景，在推进和落实部署的智能制造重点项目，研究和思考符合本单位实际的智能化改造项目的过程中，加强与精益 TnPM 体系建设的深度融合，进一步提升智能制造控制水平。

精益 TnPM 体系建设需要展现“三个状态”

安全的环境，整洁的现场，是每名职工的期待。稳定的设备，顺行的生产，是企业发展的基石。要实现这一目标，精益 TnPM 体系给我们提供了解决方案，目前公司已经定出了时间表，画出了路线图。路在脚下，需要坚定前行，实现目标，需要主动作为，拿出应有状态，让精益 TnPM 设备管理体系建设落地见效。

首先，要有设备精益点检的状态。公司实施精益 TnPM 设备管理体系建设，核心目的就是夯实设备稳定基础。实现这一目标，需要精益点检，也需要我们各司其职，协同奋战。管理技术人员要从设备运行及维修实际出发，完善日常点检、专业点检、精密点检的“三位一体”点检模式，优化设备点检作业标准，实现点检内容动态化、点检方法标准化、点检标准数字化，为设备事后维修向预知维修转变创造条件。点检员要发挥设备医生诊断职能，做好点检技术数据分析及隐患反馈，同时积极掌握所负责设备的主要失效形式，在维修策略上积极向预知性维修转变。操作人员要树立“我的设备我维护”的设备主人翁理念，积极掌握设备工作原理和性能，承担设备的清扫、紧固、调整、润滑及简单维护工作，实现“操检合一”真正落地。共同把体系建设好、把设备维护好。

其次，要有设备科学定修的状态。现场四要素（6S、6H、可视化、定置化）是精益 TnPM 设备管理体系的基石之一，他能帮助我们及早发现设备运行存在的隐患，从而科学制定检修计划。我们一方面要拿起新武器，活学活用，坚定执行，一方面也不能抛弃我们原有的好经验、好做法，继续推进设备管理模块功能优化，实现设备数据自动统计、分析、评价，有效掌握设备劣化趋势，提高预知预控水平。我们相信，只要掌握了大量设备运行数据和第一手资料，就一定能实现科学定修，确保设备稳定顺行。

最后，要达到设备本质运行的状态。精益 TnPM 设备管理体系建设，实现设备本质化运行是根本。自 2012 年设备维修体制改革以来，炼钢厂先后采取了点检人员向车间划转、全寿命周期管理、开发点检和定修模块等措施，较好地适应了新的体制变化，实现了设备管理职能的平稳过渡、设备稳定运行，为提产量、提质量等各方面突破提供了有力保障。公司实施精益 TnPM 设备管理体系建设，与当前我们正在推进的模块建设、全员设备管理、全寿命周期管理等重点工作相辅相成，是促使各项工作更加系统、科学、规范展开的助推器，是最终实现设备本质化运行的强力支撑。我们没有观望的理由、等待的时间。只有顺势而为、乘势而上，通过不断改善来提升设备综合效率的设备管理体系，才能为企业高质量发展提供强力支撑。

固化细化加强化　精益运营再提升

特钢事业部党委

执笔人：田振杉　关　强　翟德强　倪友来　王卫国

2018年是“加快推进运营转型，全面实施精益管理”工作的固化、细化、强化之年。为深化对《2018年特钢事业部“运营转型、精益管理”工作推进手册》落实落地，便于广大干部职工学习了解方案，知悉“五深化、五支撑”“固化、细化、强化”的新要求，推动“运营转型、精益管理”工作上台阶上水平，特钢事业部党委组织PMO等相关部门人员集中编写了“固化细化加强化、精益运营再提升”系列微宣教材料（共10篇），引导干部职工学习领会和深入践行，为实现做强做优目标贡献智慧与力量。

现场诊断

现场诊断，我们固化什么？现场诊断活动是莱芜分公司2017年至2018年“运营转型、精益管理”的重点推进工作之一。从去年开始，事业部先后对新区、银前区域分别组织开展了一次现场诊断活动，效果显著。仅新区在质量改善、产能提升、产品结构、能源设备等方面共诊断识别出项目69项，预计落地效益1.17亿元，截至5月份，项目完成率达90%以上，已具备结题的条件。同时，PMO总结经验并成立“质量、产能、能源”三个小组，对50吨区域开展独立自主现场诊断工作，目前已进入收尾阶段。

现场诊断，我们细化什么？为确保每次现场诊断工作的稳步落地，事业部先后实行了多重举措。针对探伤作业能力不足问题，人力资源科多次组织人员培训，多人取得 MT 初级（Ⅰ）、PT 初级（Ⅰ）证书、UTⅡ证书；机动科联系相关单位对碳硫仪检测结果实现自动上传，完善数据信息化系统；质量保证科对终点 C、Mn、Cr 时间、软吹时间、中间包温度、均热段温度现场使用 SPC 控制，对终点磷采用 MINTAP 进行单值控制图分析，形成 35 个关键控制点；生产科组织研讨智能排产所需的各项边界条件，收集资料及数据，制定项目论证材料。PMO 定期组织召开推进工作会，由项目负责人汇报工作进度，确保项目落地形成 PDCA 持续改善的良性循环。

现场诊断，我们强化什么？现场诊断能够充分调动运营骨干的积极性，激励职工与诊断团队一道发现问题、揭示问题。我们要立足于岗位，运用现场诊断中研究解决问题的方法、途径，识别出存在于我们周围的浪费现象并加以改善；针对正在推进或未完成的落地项目，如 100 吨电炉除尘改造、质量信息系统与 MES 并网等课题，PMO 将联合政工科组织开展督导课题，对推进过程中难以协调等问题进行跟踪落实。5 月份，事业部全面启动和开展信息化及智能制造现场摸底诊断工作。借力现场诊断，打造一支“用精益、会诊断”的骨干队伍，培养形成一种自主诊断的良好氛围。

项目管控

项目管控，我们固化什么？项目管控最能够直接反应生产经营绩效水平。2018 年，特钢事业部在去年立项的基础上，坚持“两个挂钩、三路并进”的项目管理总体框架思路，继续推进项目的周总结、月度分析、季度评价的业绩对话体系。建立由事业部领导作为项目发起人的大项目推进机制，筛选、构建以“可比成本降低率”等共5个大项目为龙头，“降低钢铁料消耗”等13个项目承接的重点管控项目群，结合“提高齿轮钢中氧含量内控合格率”等12个车间自主推进创新项目管控方式，共立项目30项，一季度项目完成率70%以上，实现挖潜收益5400余万元。

项目管控，我们细化什么？为扎实有效地实现精益项目管控，事业部建立“作战室”负责人制度，要求工作由“一把手”亲自抓，自上而下地对项目指标关键点严格把控。如“降低50吨合金消耗”项目，由技术业务分管经理直接牵头，技术科领导主抓，通过优化合金搭配，尽量使用低价合金代替高价合金；完善合金管理制度，特别是（贵重合金）从领料—使用—退库过程进行三方核实，从而推动整个绩效的全面改善。

项目管控，我们强化什么？推进工作要与预算指标紧密挂钩，结合业绩管理模式，将KPI指标层层分解，青年、班组改善项目作为关键级项目的子项目进行有效承接，由骨干和青年职工进行认领，将个人指标与内部市场化有机结合，发挥带头作用；项目完成情况要与绩效考核紧密挂钩，所有项目管控均采用全生命周期管理模式，事业部每季度对关键项目和专业项目，根据季度贡献大小、指标先进性、过程管控有效性等进行评优奖励；项目管理工作要与业绩对话机制紧密挂钩，事业部和各专业“作战室”需建立项目管理周会、月会和季会业绩对话制度，定期对项目进展情况作出总体评价，及时反馈项目推进中存在的问题，制定相应的整改措施，确保问题高效解决、项目顺利开展，从而实现班组、车间和事业部业绩指标的全面提升。

模块构建

模块构建，我们固化什么？去年，特钢事业部按照公司模块构建实施方案，在50吨炼钢一车间、连铸一车间构建质量模块；在新区轧材车间、本部大型轧材车间构建能源模块。其中，质量模块推广车间在去年公司年度评审中，全部一次性通过，炼钢一车间和连铸一车间过程能力水平CPK分别由0.70上升到0.81、0.55上升到0.63，工艺参数合格率逐步提高，内外部质量损失同比降低84.84万元；大型轧材车间煤气单耗由1.57GJ/t降低至1.50GJ/t，新区轧材车间煤气单耗由1.42GJ/t降低至1.32GJ/t，效果明显。

模块构建，我们细化什么？自推行模块构建至今，特钢事业部各项关键指标得以提升的同时也发现了一些问题。部分车间对专业化模块管理概念不清楚，对模块建设标准、要求、工具及方法使用不足，理解不透彻、不深刻，人员参与率不高；虽然模块化管理的论证、推进方式、过程监督管控有所进步，但是与专业管理融合方面缺少KPI指标支撑；个别模块管理在推广中，“重形式轻过程”，标准化管理、作业流程不够通畅，致部分车间评审结果不达标。针对此情况，结合公司要求与试点单位实际情况，提出与生产实际契合度更高的模块方法论，并在试点单位推广运行，总结经验，不断优化改进。

模块构建，我们强化什么？2018年需要我们不断完善质量模块程式化管理模式，包括日常督导、业绩对话（看板管理、协调会、现场会）、质量指标考核管理、项目管理、成熟度评价等方式，增强质量模块与专业管理的融合。目前，事业部质量模块与现场诊断、项目管控、业绩管理、标准化等专业管理已有较好融合，后续需要进一步强化的有内部市场化、对标管理以及信息化。同时，研究、探索生产模块的论证、构建工作。生产科要与试点车间一起学习过程控制、过程失效模式及效果分析等构建模块的核心工具，并从专业管理角度梳理KPI绩效指标并全程监督管控；车间模块构建人员要严格按照标准化操作，并做好各项生产数据记录，定期对各项数据进行统计分析，找出各问题制约点并联合职能科室分析解决，确保整个模块构建过程是动态的、良性的。

现场能源模块落地规划：对各个环节进行分解，规划总体思路，推进落地实施

子模块	具体内容	时间进度												工具方法	责任人
		4月			5月			6月			7月				
		1	11	21	1	11	21	1	11	21	1	11	21		
准备	1、形成组织机构内部研讨													对标	马国栋，孟光振
	2、学习能源模块方法论等知识														马国栋，孟光振
	3、收集数据													能源成本分析 工艺参数分析	马国栋，孟光振，王剑锋
诊断	1、热平衡计算													现场观察及能源测量工具 能源流分析 机器灵活性和效率分析	孟光振，张畅
	2、负载曲线绘制													消耗/产量分析 负载曲线分析	孟光振，张畅
	3、建立能耗桥													能耗桥/理论极限	王剑锋，张畅
	4、查找损失													可用性及等待损失	王剑锋，张畅
设计	1、开展访谈活动													业绩管理	马国栋，孟光振，王剑锋
	2、制定KPI指标并对其进行分解，拟定考核指标													对标管理	马国栋，王剑锋
实施	1、制定改善项目TIPS表格，确保落地措施实施													项目落地	马国栋，王剑锋
	2、根据TIPS表格推进项目落地实施													项目落地	马国栋，王剑锋
完善固化	1、开展能力提升活动，通过培训、考试和劳动竞赛，提高职工素质													能力提升培训	马国栋，孟光振，王剑锋
	2、对现有操作等方面标准化，规范操作													标准化	马国栋，王剑锋

内部市场化

内部市场化，我们固化什么？特钢事业部在内部市场化运作中，按照“压力层层传递、指标层层分解、责任层层落实、绩效层层考核、活力层层激发”的原则。通过经济手段激发员工积极性和主观能动性，引导生产要素合理流动，实现成本指标有降低，产量、利润双增长。目前，内部市场化工作已经在事业部范围内全面推进，通过开展内部市场化交流会、微教材、宣讲、到兄弟单位学习交流等方式营造浓厚氛围，职工思想观念转变、积极性提高，带动了绩效指标的明显提升。新区炼钢车间收入考核导向向关键生产岗位倾斜，在钢水质量过程控制指标中实行指标看板每日公布排名，根据指标完成情况进行兑现工资考核；新区连铸车间通过生产、质量、安全、服务四个过程管控，采用统一积分制的四位一体新模式，均取得好效果。

内部市场化，我们细化什么？各车间虽然都已推行了内部市场化运作，但彼此间不论是推行力度上、还是推行方法上，都还存在参差不齐的现象。要细化指标分解，改变没有完全落实到个人，员工不能每天知道经营效果的问题；细化关键生产指标，做到日清、日结；针对工资分配浮动比例低，要细化工资预算考核模式，将工资预算额100%纳入绩效考核，调动全体职工的生产经营积极性。

内部市场化，我们强化什么？面对经济发展新常态和深化改革、创新升级、转型发展、减亏增盈的繁重任务，企业要打破思想束缚，深化内部市场化运作导向。首先，把握正确舆论方向，加大内部市场化宣讲，向一线职工普及内部市场化的有关知识，推动岗位职工思想的转变。其次，进一步完善内部市场化四级市场体系，细化成本、质量、产量等指标考核，加大单位绩效考核执行力度，打破职工“大锅饭”的惯性思维。再次，完善计量手段，凡有量可计的工作和场所，都要设有相应的计量器具，并统一计量单位。对计量人员进行培训，制定严格的岗位责任制和轮岗换岗制度，规范计量监督的考核办法。最后，全面深化内部市场化运营，深入发掘各生产要素市场化运作的发展潜能，进一步提升产线价值创造水平和产品盈利能力，探索实施岗位贡献、劳动价值、工作业绩量化管理。

标 准 化

标准化，我们固化什么？去年以来，事业部开展班组标准化作业精益改善项目 28 个，针对各单位的质量薄弱环节，从立标（发布标准）、执标（实施标准）、评标（评价标准）、提标（修订标准）四个步骤来梳理规范标准化作业。28 个改善项目中 20 个项目指标达到目标值，共输出 21 个标准化作业卡、32 个 OPL 单点课，其中 6 个改善项目共计增效 122. 85 万元，其余部分项目提高了合格率、降低了工人劳动强度。关键设备制作点检标准作业卡、重点钢种制作工艺控制流程卡、现场设立岗位标准化操作模板等。今年一季度，新区外部不良质量成本为 0. 83 元/吨，较 2017 年降低 3. 54 元/吨。

标准化，我们细化什么？客户反映我们产品质量在炉与炉之间差距大，产品质量不稳定。工艺技术规程、操作规程下发后，缺乏有效的培训，执行过程缺乏有效的引导、监督，导致同一标准下不同职工执行起来出现差异。说明我们还存在标准化作业不准确、管理不闭环、执行不到位的现象。因此，要细化各工序关键作业的诊断与识别，提高关键指标 CPK 水平。炼钢工序提高电炉终点碳、精炼周期、软吹、上钢温度过程稳定性；连铸工序提高中间包温度、拉速、结晶器液面控制的过程稳定性；轧钢工序提高加热、均热段温度的稳定性。

标准化，我们强化什么？强化基层标准化作业落地与改善。一是强化单点课教程培训。对标准化作业卡中的关键控制点，用图片、文字等形式进行直观描述，在员工最需要获取的地方展示，用于现场作业的指导和防错。二是开展标准化方面的培训，由专业科室牵头，组织职工对岗位操作规程、工艺技术规程、安全作业规程进行强化学习，提高标准化作业能力，让标准化

作业成为一种习惯。三是开展标准化作业劳动竞赛，对竞赛中表现突出的团队和个人进行表彰奖励。四是对影响产品质量的关键工艺参数进行重点控制，对超出标准要求的单位进行严格考核，推进标准化操作和工艺参数量化控制。

对标管理

对标工作，即生产经营管理指标的标杆化管理，说到底就是“瞄准标杆、查找短板、提升水平”。

对标管理，我们应该固化什么？自2016年特钢事业部启动对标管理工作以来，在节能降耗、增收创效等工作中取得了一定的成效，特别是2018年一季度银前螺纹钢产品与永锋转炉螺纹钢成本差距超出季度追赶目标18.53元/吨，这得益于事业部持续推进对标挖潜，以永锋等重点企业为标杆，从单位产品盈利水平和成本对标上赶超民营企业，优化生产组织，发挥产销研协作优势，持续提升产品创效能力。得益于完善流程信息化体系，细化指标参数，指导和推进工序、班组成本核算工作，推动各层级深挖浪费问题点，实现岗位创效、单位降本的目标。挖潜目标的完成，得益于事业部加强技术、能源指标管理，提升关键指标贡献率。

对标管理，我们应该细化什么？对各工序运行指标进行横向、纵向细化分析，分析与标杆指标的差距，查找短板，明确改进方向，落实具体措施。细化专项工作督办机制，按照“可操作、可量化、可检查”的原则细化分解问题，将其落实到车间、班组，责任单位制定具体工作措施，细化目标、责任到人，在规定时间内完成问题分析、制定整改措施并反馈结果，形成事业部引导、车间主导、全员参与的工作推进机制，确保目标指标的持续优化，形成对标、达标、创标的持续改进机制。同时，以精益管理思想为指导，细化指标分析，并建立经济运行分析工作管理办法，开展月度对标通报、季度经济运行分析、半年度行业对标通报数据专题分析，总结完成情况，分析存在问题，提出下一步的改进措施，真正发挥对标管理对提升管理水平的支撑作用。

对标管理，我们应该强化什么？2018年，特钢事业部在对标推进实施过程中，重点围绕成本提升和齿轮钢比例及售价提升开展对标工作，强化分解问题、过程管理，做到推进系统化、措施具体化，确保各项工作有序推进、重点目标顺利达成。强化成本提升对标，突出市场化预算管理，提升指标引领作用；发挥财务引领作用，提升财务管理水平；夯实挖潜增效措施，增强成本控制能力；发扬现场诊断优势，深化精益运行项目管控。强化齿轮钢产品比例提升及售价提升对标攻关，即从产量、质量、工艺、产品结构、售价五个方面进行强力推进，确保对标目标的完成。

星级现场

现场管理是企业管理的基础，是产品和服务质量的基本保证，是构建企业核心竞争力的重要内容。

星级现场，我们应该固化什么？推行星级现场以来，事业部根据车间基础，分层次、分阶段制定创建计划、培育清单，以绩效为导向，强化过程管理，注重全员参与，实施标杆引领，培育出了新区连铸车间等 8 个现场管理星级车间。学习型班组创建则按照理念进班组、工具方法进班组、指标进班组、操作进班组和项目进班组等“五进班组行动”为工作思路，重点开展 5S 样板班组创建和班组标准化作业改善等活动，学习型班组建设水平迈上新台阶，涌现出了以新区炼钢车间精炼大班为代表的 24 个公司 3A 级以上学习型班组。

星级现场，我们应该细化什么？星级车间创建以细化、完善科学有序的业绩管理体系为重点，推动设备、能源、质量等一系列模块在车间快速落地，持续提升车间专业管理水平；学习型班组创建应以问题为导向，以“关于特钢事业部学习型班组验收情况的反馈意见”为指导，开展学习型班组建设诊断、分类指导工作，精准推进“精益管理进班组”，推进内部市场化进班组，细化班组5S管理，持续提升班组精益管理水平；深度落实“包保班组联系人”制度，消除学习型班组建设水平单位之间不平衡现象，全面提高“精益管理进班组”工作水平。

星级现场，我们应该强化什么？今年，事业部将持续深化星级车间和学习型班组创建，打造具有精益特质、蕴涵精益文化的星级现场。星级现场是企业文化的体现，不仅仅是生产现场环境的改善，更重要的是职工素养的提升。要进一步强化宣贯力度，让广大干部职工充分认识到星级现场对于提升车间规范管理的重要意义；要以星级现场创建为契机，运用精益理念思维提升管理水平，运用精益工具方法分析解决现场问题；强化推进现场5S管理和内部市场化运营，强化岗位标准化作业，着重强化职工标准化作业能力，打造安全受控、生产高效、质量提升、能源节约、设备稳定、成本降低的精益示范车间。建立完善各项管理机制，推动企业稳定高效生产。

业绩管理

华为能够让一个企业实现员工下降50%，人均劳动力增长80%，而销售收入增长20%，靠的就是业绩管理。放眼全国，每个公司都在讲绩效，定指标。作为钢铁企业，多年推行的业绩管理俨然成为我们企业有序发展的桥梁，我们也应停下脚步，回头总结一下应该固化、细化、强化些什么。

业绩管理，我们固化什么？固化业绩管理“五步法”构建步骤。按照KPI体系分解设计、KPI指标设定、业绩有效跟踪、业绩对话、标准化这五个步骤，形成PDCA循环，完善规范的管理机制，推动业绩持续改善。业绩管理贯穿于预算管理、项目管控、内部市场化、产线对标、专业模块、星级现场等精益运营各项工作的全过程。我们应将业绩管理“五步法”融合到各项管理实践中，以目标为导向，以有效管控为路径，进一步理解、应用并自觉形成一种管理习惯，推动工作的持续改进。

业绩管理，我们细化什么？细化完善KPI层层分解至KAI的指标体系。改变指标分解到岗位个人就是KAI的误区，从而忽视了KAI的执行性。应强化KPI、KAI认知，将KAI与岗位规程、标准化作业相结合，确保KAI直观明确、岗位可操控。KPI指标的分解要以符合SMART原则作为前提条件，结合内部市场化管理体系，建立一个融成本、质量、安全、设备、人员等管控要素为一体、自上而下层层分解、自下而上逐级支撑的指标体系。将各指标设定权重，并与各岗位直接挂钩，做到“人人头上有指标”，员工根据自己指标的完成情况获得应得的收益。

业绩管理，我们强化什么？首先，强化有效的业绩对话机制，不断推动业绩持续改善。有效跟踪是KPI落地的关键，对KPI体系要按照“二八法则”，系统梳理事业部、车间、班组、岗位等不同层级KPI/KAI指标，分别建立会议机制、预警机制、指标识别机制、激励机制，实现组织绩效、团队绩效和个体绩效的联动；其次，利用考核手段推进持续改善。将业绩对话流程标准化，切实建立起持续发现问题、反馈问题、分析问题、解决问题、持续改善的长效机制。此外，作为职工的我们，要积极承接自己岗位的KAI指标，通过结合自身岗位实际，将自身分内之事做到尽善尽美，展现自我、实现价值，促使个人收入和岗位指标的双提升。

信 息 化

实施信息化建设、打造数字优钢生产线是改变优钢棒材生产线现状，带动企业各项工作创新和升级的必然选择和重要突破口。

信息化，我们应该固化什么？固化MES合同管理、生产订单管理、计划管理、物料管理、实绩管理、质量管理、轧辊管理、仓库管理、发货管理等功能的实用性，确保其与ERP系统、生产线二级或一级系统通信，形成有生产指令、有过程追踪的信息化生产模式。

信息化，我们应该细化什么？细化能源监控系统的监控计量、能源、生产、设备等专业信息系统运行情况，及时协调解决矛盾和问题，为生产经营提供真实、及时的信息；细化ERP、MES、PMO作战平台、内部市场化核算系统四位一体的信息化闭环系统，将财务、采购、设备运行、产销成本核算有效统一，为精益运营和内部市场化的决策提供数据支撑。今年，细化推进事业部信息化基础数据采集，减少人为干预，为下一步事业部信息化升级和智能制造打下基础。

信息化，我们应该强化什么？2018年，特钢事业部着重强化基础网络信息系统建设和升级改造，为“两化”融合、精益运营提供强有力的支撑和保障。2018 年，特钢 100 吨电炉生产线作为公司试点，开发一套集订单跟踪、库存管理、生产组织等要素于一体的智能排产系统，即在现有信息化框架下，设计一个覆盖特钢 100 吨电炉产线的一体化智能排产系统，将 ERP 以及原有 MES 系统的计划管理纳入到这个一体化集成的智能排产管控平台，特钢 100 吨电炉 MES 通过系统集成方式将生产实际数据同步给智能排产系统进行排产，实现整个生产组织的动态、精确管控，智能排产系统投入使用后将消除铸轧不匹配、同一规格分散排产等排产难题，提高工作效率、提产增效，这将充分发挥信息化在特钢事业部生产组织中“智囊团”的作用。

能力提升

2017 年以来，特钢事业部围绕模块建设、项目推进、标准化等工作，积极推进精益理念、工具方法培训等能力提升工作，成效显著。

能力提升，我们应该固化什么？固化“三到”全员培训，实现到人到岗到作业，确保培训率 100%，固化全员能力提升培训交流和推进平台，固化完善培训跟踪和激励机制，为精益管理有效落地提供有利的智力支持和能力保障。

能力提升，我们应该细化什么？培训是人才培养的重要手段，事业部将细化好外聘专家授课、新工艺新技术交流、骨干外出培训、岗位适应性培训等，激发人力资源的潜能与活力，具体来说：一是细化培育精益文化，推动精益习惯养成。二是细化开展全员培训，确保培训率100%。三是细化“三支”队伍建设。开展领导带头讲精益、车间主任精益管理能力再培训。四是细化做实模块建设培训。五是细化能力提升平台的搭建。

能力提升，我们应该强化什么？员工能力提升是个系统工程，涵盖管理、技术、技能操作、精益改善项目、模块化建设等方方面面，事业部将充分发挥科室专业引领职能，推动培训工作系统化全面发展；将继续强化“三到培训”，促进精益理念、工具、方法、案例的推广运用，使职工形成标准化管理、作业的思维习惯与行为自觉；将强化能源、设备（点检、故障）、质量三个模块落地推广培训，策划开展模块方法论培训；将进一步强化内训师管理和培养，突出抓好课题认领、项目指导，开展现场诊断，推进模块建设落地；将强化搭建技能提升平台，利用职工网上学习系统、模拟仿真系统，发挥劳模/高技能人才创新工作室“传帮带”作用，提升技术、技能人才的能力素质；将强化培训过程管控和效果追踪反馈，建立“能力提升支撑精益运营”推进平台，每月进行一次总结，每季召开一次员工能力提升培训推进会，查找不足，明确整改措施，不断改进提升。

弘扬工匠精神　锻造精益品质

能源动力厂党委

执笔人：尹鲁阳　王艳丽　段崇和

什么是工匠精神？有人说工匠精神的核心是一种信念或者说一种情怀，是把一件工作、一项事情、一门手艺当作一种信仰，一丝不苟做到极致，做到别人无可替代。对大部分职工来说，把工作做得极致、做到无可替代可能很难，但兢兢业业把手头的每项工作做好，不也是工匠精神的体现吗？这3篇宣讲材料从普通职工的角度诠释了工匠精神，可学可行，满满的正能量。

每个人都要有工匠精神

工匠精神是一种职业精神，它是职业道德、职业能力、职业品质的体现，是从业者的职业价值取向和行为表现，也是对每一名岗位职工的要求。

工匠精神突出的是精细和极致，是精益与创造。我所在的班组燃气车间煤气防护班有 14 名职工，每天与煤气管网打交道，50 余公里管网，300 余台排水器，1000 余处阀门，这些设备每天必须巡查到位，从而确保管网设备安全稳定运行，为用户提供优质、安全的煤气。管网中的每一处细小隐患如不及时消除，将直接影响到热线生产，甚至危及职工的人身安全，工作中来不得半点马虎。因此，发扬工匠精神，认真做好点巡检，就显得尤为重要。“精益求精、追求卓越”是我们的工作理念。十多年来，防护人员共查出管网设备隐患达 14000 余处，全部得以整改。这就是我们秉承的工匠精神。

工匠精神的根基是人，是对工作发自肺腑的热爱。如果你对一件你喜欢的事，投入百分之百的热情，你就会把事情做好，同时会有一种由衷的自豪感，让你充分享受这个过程，达到忘我的境界。

人人争做工匠，参与创新，企业就会越来越强大，前景就会更加辉煌。

山钢需要工匠精神。

把该干的事情干到最好就是工匠精神

前段时间，有位试验班的职工到我们班组取变压器油样进行例行化验，作为值班员，我全程监护了她的操作，她简洁流畅的操作给我留下了深刻印象。

确认变压器放油阀后，她先从工具包中取出两块抹布，小抹布轻拂去放油阀上的浮尘，大抹布平铺在放油阀下，又取出一棕色敞口玻璃瓶放在放油阀下。然后她试探性地轻轻拧动放油阀螺丝，流出的油接入棕色玻璃瓶。待油达到规定数量后，她迅速拧好放油阀螺丝，封好瓶口，再用抹布轻拭放油阀，确认无泄漏后，又有条不紊地收拾好油样和地上的工具。整个过程不足五分钟，地上没有一滴漏油，除了放油阀比以往更干净了以外，看不出操作过的痕迹。

看她的操作，给我最大的感觉就是干净利落、没有一丝一毫的拖沓，让人看着特别舒服，真是“一事精致，足以动人”。

近几年我们一直在推崇工匠精神。在我看来，工匠精神就是把自己该干的事情干到最好、做到极致，最大程度地杜绝人力物力的浪费。作为一线员工，我们可能左右不了企业发展的大局，可我们有责任、有义务把自己该干

的事情做到最好。就像她一样，所从事的工作可能没有很高的技术含量，但只要认真、细心，又好又快地干了自己的工作，不出一点差错，一样也是为企业做贡献。

什么是工匠精神？工作中尽心尽力，不出一丝纰漏，把该干的事情干到最好，就是工匠精神。

践行工匠精神从我做起

说起工匠精神，我想到三个关键词：一是敬业，对所从事的职业有一种敬畏之心；二是精业，精通自己所从事的职业，技艺精湛；三是奉献，对所从事的职业有一种担当精神、牺牲精神。工匠精神体现于员工的价值追求和综合素质上，体现到生产的各个环节上。落实到工作岗位中，我想应体现在以下方面。

工匠精神要体现在扑下身子，真抓实干上。“扑下身子”是真抓实干的态度。要以迎难而上的锐气、啃硬骨头的狠劲、钉钉子的精神抓落实、抓实干。在处理50MW汽轮机转速传感器探头故障的时候，管理技术人员克服工期紧、难度大、检修力量不足等困难，党员骨干全部靠在现场，查找原因分析问题，诊断出50MW发电机联轴器轴承箱和台板松动位移的重大设备隐患，经过连夜加班加点改造，使轴承箱和台板位移得到有效解决，确保了发电机组安全运行。

工匠精神要体现在着眼细微，认真负责上。工作中我们要理清思路，合理安排，把更多的精力放在基础层面、细微之处，做到认真负责。从细微处着手，排除小问题，就会防止大问题的发生，从而形成工作的良性循环。

工匠精神要体现在锲而不舍，解决问题上。对不利于降本增效的问题，困难再大也要坚决消除。循环水耗量大一直是车间生产中存在的问题，车间职工以“不解决问题绝不放手”的决心，逐点逐项排查问题，通过研究图纸，分析地下水结构，决定使用截流、引流、分段运行的方法，分别空出两个吸水井再进行查漏。经过不懈努力，终于在 1 号吸水井负 10 米井壁上找到一直径约 20 厘米的漏洞，问题得以解决。

每个人都用精益求精的态度，以工匠精神干好自己的工作，企业必然会不断发展壮大，个人的价值也必然会得到充分体现，使工作更完美，生活更幸福。

深化精益管理　打造最具竞争力产线

棒材厂党委

执笔人：楚耿玉

2018年是实施“十三五”发展规划至关重要的一年，也是公司深化“运营转型、精益管理”的关键一年。棒材厂针对新形势、新任务，制定乘势而上、全面超越，着力打造工艺先进、产品质优、指标一流、管理高效，国内最具竞争力的棒材生产线的年度奋斗目标。为助力企业深化精益管理全面实现年度目标，厂党委结合生产经营中遇到的实际问题和困难，撰写系列形势任务教育，进一步凝聚职工心智，营造攻坚克难舆论氛围，为企业稳定发展提供思想政治保障。

把问题转化成企业发展的财富

2018年，面对新形势、新任务、新目标，棒材厂在推进新年度发展目标开局阶段遇到了前所未有的困难和压力，出现了很多意想不到的问题，全体干部职工只有正视困难和问题，深挖问题背后的根系，深刻剖析，吸取教训，把问题转化成向上的台阶和财富，企业发展才能更加快捷和顺畅。

在1、2月份的生产经营中，各单位暴露出很多问题，经理关中华在月度绩效分析会上，详细指出了个性与共性20余项问题。出现问题并不可怕，关键是产生问题的温床不铲除才可怕，这些温床就是问题背后的思想、意识、心态、能力和素养。

剖析问题背后的原因，无外乎以下几点：

一是发现不了问题、解决不了问题。发现问题是一个干部能力和水平的体现，如果一个干部不能及时发现、解决本单位存在的问题，只能说明他业务生疏、能力不足，需要不断的学习提升自己。出现一次问题，大家可以原谅，但长此以往只能是让自己更加被动。

二是发现问题，却回避问题、推脱问题。少数干部只注重做表面文章，不注重解决问题，对待问题，不是“迎着上”而是“绕着走”，不是主动担责，而是处处归罪于外、处处讲条件。拥有这种心态，是一个人的作风问题，在从严治党的今天会越来越没有市场，一味的推脱回避问题，只能是搬起石头砸了自己的脚。

三是面对问题，庸政懒政、拖拖拉拉，不作为、慢作为。个别干部思想不端正，对工作中出现的问题不是科学分析快速认真解决，而是放一放、拖一拖，得过且过，想“大事化小、小事化了”“我不干，总有人干”，结果却往往是小问题变成大问题；还有干部摆老资格、妄自菲薄，出现问题就开始想歪法、出邪招予以“摆平”，最后可能落得个无法收拾的下场。

四是面对问题，不敢为。个别干部怕担责、怕出头、怕得罪人，面对问题：“反正不是我一个人的责任”“多一事不如少一事”，干工作等、靠、看，以至于错过了解决问题的最佳时机。企业进入新时代，千帆齐发，只争朝夕，需要的是敢作为、敢担当、敢揽责的干部，一味退缩、明哲保身，只能被时代大潮所淘汰。

习近平总书记在“迎接党的十九大”专题研讨班上强调，全党要坚持问题导向。强化问题意识，坚持问题导向，是党的十八大以来全面从严治党的一个鲜明特点，也是一条成功经验。紧盯问题不放，带着问题学，针对问题改，深挖问题背后的问题，助力企业更快更好发展，这些问题就会转化为企业发展的财富。

坚持问题导向，问题即使再小，再简单，也要高度重视，坚持“迎着上”，选择科学方法认真解决，就是大功一件。相反，如果不当回事儿，就可能酿成不可挽回的损失。教育家陶行知说过，创造始于问题，有了问题才会思考，有了思考，才有解决问题的方法，才有找到独立思路的可能。解决问题的过程，既是弥补过失亡羊补牢的过程，更是学习实践、提炼升华的过程。如果不把问题当回事儿，只想偷懒耍滑、推脱等待、光说不练，只能是砸了自己的饭碗。

强化问题意识，坚持问题导向，通过解决问题来总结经验，才能在生产中攻坚克难所向披靡，才能在企业改革发展的道路上越走越顺。不管遇到什么问题，都要认真对待，认真解决，最后，不仅问题解决了，还会总结出更多的真知灼见，增长才干，更好地推动工作。只有这样，所有问题才会成为企业发展的财富。

正确看待当前绩效

2018 年一季度，棒材厂入库钢材 72.59 万吨，超进度 1.09 万吨；实现销售收入 24.8 亿元，预计效益超 6 亿元；吨钢成本在去年基础上降低 8.7 元。一季度我们虽然没有完成公司下达的吨钢降本 10 元钱的目标，但我们要正确看待这个结果，既不要悲观丧气、丧失斗志，更不要沾沾自喜、空前乐观。要理性分析当前存在的问题，想方设法堵塞漏洞，找准关键深度挖潜，力争快速完成计划降本目标。另外，吨钢降本 10 元钱，只是我厂发展战略中的小小一环，全体干部职工需要拥有更宽广的心胸，更高的眼界，更真卓的见识，要将心智和力量凝聚到“打造国内最具竞争力棒材生产线”这个核心目标上来。

首先，我们必须肯定成绩。一季度降本，我们干出了历史最好水平，在去年大幅降本的基础上，我们再创辉煌，实现吨钢降本 8.7 元，超越了标杆单位。这是厂领导班子高瞻远瞩、智慧谋划的结果，更是全体干部职工真抓实干、奋力拼搏的结果，这个成绩来之不易，这个成绩值得骄傲！2017 年，我厂实现降本 3860 万元，实现了大跨越、大提升，大家也有一种潜力挖尽、指标到顶的感觉，这 8.7 元，每一分钱都沉重如山，每一分钱都凝聚着棒材人的智慧和汗水，也充分说明了我们棒材人有能力向极限挑战。

其次，我们必须清醒的认识到，我们与国内先进棒材企业还有一定差距。在管理上我们还有很多不足，职工整体技术水平还有差距，产线装配水平和自动化水平还有欠缺，这需要广大职工认真对待，积极进取，攻坚克难，乘势而上。年初，职代会工作报告中，明确指出了我厂的奋斗目标和方向。春节长假后，厂专门召开了精益管理推进会，对全年任务目标存在问题进行再动员、再部署、再发力。3 月份绩效分析会，经理关中华深入分析了当前形势，精准指出了降本突破方向，为吨钢降本 10 元钱找到了出处，为全厂发展指明了方向。

另外，我们不能被吨钢降本 10 元钱这个目标压倒，一季度的绩效证明我们完全有能力、有智慧打破自我极限，完全有能力完成吨钢降本 10 元钱的这个目标。目前，我们离这个目标只有 1.3 元的距离，而且十分清晰的找到了降本方法方向，只要大家齐心协力、快速行动，就一定能实现这个目标。

时不我待，实干出绩效，幸福是靠奋斗出来的。实现吨钢降本 10 元钱到了“临门一脚”的关键时刻，在此希望全体干部职工克服一切困难、众志成城，齐心协力，为实现降本目标任务，为打造国内最具竞争力棒材生产线，写下浓墨重彩的一笔。

担当实干　争取更大胜利

2018年7月9日，厂召开上半年工作会。经理关中华全面分析了厂上半年工作绩效，部署厂当前和今后一个时期的工作，动员各级组织和广大干部职工统一思想，凝聚共识，继往开来，务实创新，担当实干，争取更大胜利。

认清形势，把握工作主基调，进一步坚定蓄势发展信心和决心。要做到坚持既定的发展战略不动摇，打造国内最具竞争力的棒材生产线发展愿景目标不变；坚持解放思想转变观念不动摇，做到深化改革的决心力度不变；坚持正确的用人导向不动摇，做到凭实干、重实绩、求实效的标准不变；坚持完成全年目标任务不动摇，进一步深化精益管理，产线诊断、规范化、模块化管理落地，保持内部市场化制度和考核政策不变，担当实干，争取下半年更大胜利。

集中精力抓好责任落实，确保重点工作有序推进。做到全面超越，向标杆看齐，向国内先进企业看齐，打造最具竞争力的棒材生产企业。要在工艺先进上求作为，积极探索先进的生产工艺，加大新工艺、新设备的投入应用和多线切分技术的研究实施等，大幅度降低了工序成本，提高了生产效率。要在产品质优上敢担当。目前，我们生产的高强钢筋、精轧螺纹、PS830、海洋用钢等产品质量还需要进一步提升，严格按照标准要求组织好生产，严把产品质量关，让每一件产品都能达到高质量标准要求，维护棒材品牌。四是要在指标一流上下功夫。上半年我们与先进企业开展对标挖潜工作，综合成材率等一些关键指标甚至超过对标单位，达到国内先进指标水平。

凝聚干部职工合力，争取下半年胜利。完成吨钢降本10元钱目标是企业的政治任务，也是保持企业良好效益、保障职工收入的需要。我们必须一如既往，全心全力抓好下半年各项任务目标的落实。各级管理人员要以身作则、率先垂范，带头参与岗位攻坚。加强管理制度的督导落地，严格责任落实、制度落实，通过强化过程监督、充分发挥考核激励作用，实现各项专业管理更加规范高效，促进专业管理水平和绩效的大幅提升。要系统策划好管理提升各项活动，积极搭建活动载体和平台，推进专业管理水平和能力全面提升，发挥好各专业管理的优势，形成管理规范高效的良好态势。要增强职工的安全法律法规意识，做好职工安全培训教育，强化安全文化宣传，大力营造安全氛围，确保安全生产稳定顺行。

相信只要全厂上下团结一心，抢抓机遇，担当实干，积极作为，就一定能够开创棒材厂优质高效发展的新局面！

运用精益新思想　开创运营新局面

炼铁厂党委

执笔人：冯 峰

走精益运营之路，核心要义就是精益求精，把工作做到极致。我们要持之以恒推进“运营转型、精益管理”工作，践行“精准、高效、务实、创新”的核心价值观，将“四抓一防”的精益管理思想贯穿到生产经营各环节，构建独具特色的精益管理体系。

“抓文化”就是聚人心，将精益思想融入企业文化建设中，探索出一条文化塑魂、文化重教、文化生根、文化结果的管理路线。总结提炼“一看就能明白，一听就能记住，一想就能认同”的精益文化理念，深入宣贯践行精益文化，引导培养职工良好的工作态度和做事方式，形成“一盘棋、一条心、一家人”的良好局面，促进精益理念与精益生产的融合统一。

“抓项目”就是强载体，任何活动都离不开载体，抓住了项目，就把好了“方向盘”。一个企业经久不衰的秘诀，不在于某个局部贡献，而在于企业整体的利益是否实现最大化，我们在开展深化产线对标、项目管控和现场诊断等工作时，应着重发挥融合的作用，将独立运营的工序环节，变为工序间责任相关、利益共享、风险共担的内部市场化链条，确保流程优化，运营顺畅，实现整体效益呈上升之势。

“抓培训”就是固根基，只有思想认识和能力提升了，推进工作才有了坚实的基础。拥有一支新时代产业工人队伍，无疑是释放人才这一“资源”的强大爆发力，我们要持续做好全员能力提升工作，不仅要培养技能人才和内训师，更要培养出一批企业工匠，甚至是大国工匠，促进职工综合素质和企业效益的“双丰收”。

“抓试点”就是树标杆，以典型引路，以点带面，星星之火才能形成燎原之势。在推进精益管理进程中，应有一个正确的认识，试点经验是用来学习的，不能生搬硬套，决不能演变成“复制”和“粘贴”的产物，管理制度应符合本单位实际，接地气、易执行，能够通过制度约束，达到管理的目的。

“防反复”就是保效益，达到的水平不能降下来，创高点并不难，难的是在高点上持续运行，长期保持。我们要善于总结和固化精益管理推进过程中的好经验、好做法，细化工作措施，强化薄弱环节，按照“固化、细化、强化”的“三化”要求，推动“运营转型、精益管理”工作达到新水平、实现新突破。

以平凡工作铸就非凡业绩

炼钢厂党委

执笔人：丁书洪

习近平在接见四川航空“中国民航英雄机组”全体成员时指出，“伟大出自平凡，英雄来自人民。”把每一项平凡工作做好就是不平凡。新时代中国特色社会主义伟大事业需要千千万万个英雄群体、英雄人物。学习英雄事迹，弘扬英雄精神，就是要把非凡英雄精神体现在平凡的工作岗位上。

现代钢铁，无论是炼铁，还是炼钢，或是轧钢，不管哪道工序都是由岗位职工操作、维护的。也正是有我们平凡的人在岗位上辛勤劳作、创新奉献，创出了不平凡的业绩，才让我们的企业渡过难关，创造新的辉煌。大国重器，是由众多平凡的大国工匠倾心打造；钢铁精品，也是由诸多平凡的一线工人用心铸成。

所谓的非凡都是在平凡之中孕育的。平凡是非凡的基础，非凡是平凡的升华。两者紧密联系，不可分割，犹如车轨与车厢、秤杆与秤砣。许多人都向往成为伟大的人物，作出非凡的业绩。这是梦想，而要实现这令人神往的梦想需要的是做好当下，立足岗位，埋头苦干，专心致志，勤勤恳恳，不畏艰难，勇干拼搏。具体到我们，就要在精益管理和内部市场化运营中，尽心尽力，尽职尽责，将自己该做的事做好，努力做到“把平凡做成精彩，把精彩做到极致”，朝着做强做优钢铁产业的目标奋勇向前。

一分耕耘，一分收获。只要坚持，成功就在眼前；只要坚持，平凡终究会铸就非凡。

挖潜永无止境　改善从我做起

炼铁厂党委
执笔人：李　超

“寒冬”二字，曾几何时，只属于冬天，现在，也代表我们钢铁企业的“苦日子”。对于企业来讲，寒冬有时比气温还残酷；对于职工来说，寒冬有时比气温还让人绝望。好在拧成一股绳，在全员共同努力下，企业度过困难日子，焕发出勃勃生机。职工的收入也提高了，从当初的“算计着花钱”到如今“有计划的花钱”，企业和职工的日子一天比一天有奔头。

那么在如今市场上扬，恰逢市场最好的时期，再提“降本增效”过时了吗？“不过时，甚至比困难时期更有必要。”企业越是强大就越要时刻想想“来时的路和走过的路”，才能更好的去迎接和挑战“未来的路”。当下，我们还面临着各种挑战，与先进企业的差距还很大，生存竞争能力还需加强，

“降本增效”的任务还有潜力可挖，所以，任何时候我们都不能沾沾自喜，躺在成绩单上“睡大觉”，更不能停一停、放一放。

作为一名企业职工，企业“大家庭”给了我们“勇攀高峰”的勇气、“敢于担当”的底气，我们更应该为企业交出一份优异的答卷。我们处在“降本增效”的最前沿，每天和设备“面对面”的时候，只要“多动脑”，就会发现一些有利于生产的好点子；“勤动手”就能让这些小点子，开花结果；“毫厘必争”就能让成果变成“实实在在的收入”。

作为工作在一线的职工，降本增效不只是企业的事，也不是某一个人的事，是我们大家共同的事情，“大河有水，小河满”，企业强大了，我们的日子才会越来越精彩。

责任担当篇

ZEREN DANDANG PIAN

摆正心态　提高站位　担当作为

板带厂党委

执笔人：郑 毅　杜 宇　翟世广　郭 倩

在公司二届三次职代会上，总经理罗登武在报告中指出："以'三定'和竞争上岗为契机，持续优化机构设置和人员结构，向着人均产钢1000吨的目标努力。"今年以来，山钢股份莱芜分公司启动了旨在优化机构设置和人员结构的"三定"工作，岗位变革、竞争上岗等一系列重大改革举措陆续付诸实施。板带厂积极响应公司号召，本着"有利于生产经营的稳定发展，有利于调动广大干部职工积极性，有利于人才队伍梯队建设"的原则，坚持"以德选人、以能选人、以绩选人"，扎实推进此项工作。为了让全厂广大干部职工更好理解"三定"工作的目的意义，以积极的态度对待"三定"工作，板带厂党委编发系列专题形势任务宣讲材料，引领广大干部职工准确做好自身定位、扎实履行岗位职责、持续提升能力水平，为企业高质量发展积蓄动力。

有能者上　有力者为

从2008年国际金融危机爆发、钢铁行业发展进入低潮以来，近十年的探索实践充分表明，企业要经受住市场冲击与考验，全面深化改革是必由之路，也是推动转型发展的动力之源。人是生产力中最活跃的因素，是推动企业发展的重要力量。我们必须要看到行业转型发展的大趋势，加快全面深化改革的步伐，不断增强企业的核心竞争力。

自我激励，增强改革信心。近年来，公司结合不断变化的市场形势，相继出台了一系列改革措施，让企业逐步摆脱了经营困境，步入了健康发展的

轨道，这充分证明了这些改革措施是行之有效的。此次“三定”及竞争上岗工作，是企业在改革发展关键时期审时度势迈出的重要一步，目的是激活岗位潜能、激发干部职工动力，进一步增强企业核心竞争力。审视过往，我们有理由相信实施此项改革是正确的，它必将让我们的企业更具发展活力，我们也应该以更加坚定的信心积极投身改革，为企业发展添砖加瓦。

认清形势，明确改革意义。企业要想持续健康发展，优化人力资源配置是关键。开展“三定”及竞争上岗工作，核心就是解决好人的问题，通过对职能职责、机构岗位、人员编制的全面梳理与系统优化，实现“人、岗、事”的合理匹配，充分激发人力资源活力、提高管理效率，建立形成与市场全面接轨、更加适应现代企业管理需求的人力资源管理机制，为企业后续改革与持续健康发展打下坚实的基础。

乘势而上，激发改革动力。深化改革是为了解决发展中的问题，改掉的是弊端，激发的是活力，实现的是效益，受益的是职工。作为企业的一员，我们都应该进一步转变观念、乘势而上，抢抓改革机遇，激发内部潜能，将“三定”及竞争上岗与当前工作紧密结合，以提升生产经营绩效为目标，以激活广大职工内生动力为重点，强化目标责任，激发内生活力，着力打造更加强劲的发展动力。

自强不息　勇立潮头

在公司召开“三定”暨全员竞争上岗工作启动会上，总经理罗登武强调：

“全体干部职工一定要正确认识、积极参与、全力支持这次改革，努力在挑战中把握机遇，在变革中寻求突破，找到更合适的位置、发挥更好的作用、作出更大的贡献，以实实在在的行动推动企业实现更好更快发展。”这是公司对我们每个人投身改革、担当作为提出的要求和希望。

自省自觉，体现更大担当。2017年，公司抢抓市场机遇，钢材产量和利润水平都创出新高，在这种情形下，公司敢于深挖不足，树立危机意识，坚决贯彻既定改革方案，彰显了公司推动做强做优的信心决心。每个人的命运抉择都离不开大环境的浸润滋养，在全面深化改革已成为全行业普遍共识的今天，自省自觉也应当成为每一名干部职工的普遍共识，坚定执行公司既定政策方针，积极投身改革洪流，以更大的勇气担当，不负时代希冀和公司重托。

自强自立，接受组织遴选。“站起来，坐下去”对于岗位来说是选贤任能的过程，对于职工来说则是一个审视自我、查找不足、反思进步的过程。在这一过程中，每一个参与者都要照照镜子，反思差距，从而找到进步和提升的新目标。因此，这次改革对每一名干部职工来说，不仅是经历一次改革的洗礼，更是一次重要的发展机遇，我们应该树立迎接挑战的信心，拿出敢于突破的勇气，在改革大潮中提升自身能力，展现自身实力。

自尊自爱，树立阳光心态。新老交替，日升月隐，是自然规律。能上能下、能上易下将逐渐固化为管理机制。“三定”及竞争上岗工作是为适应现代企业制度要求和市场竞争需要的选人用人机制作出的重大转变。因此，我们不仅要认清此项工作的重要性，更重要的是树立好正确的改革观、岗位观，要经受得起优胜劣汰机制的洗礼，坚信“是金子总会发光”，不管身居何种岗位都要更加奋发有为、锐意进取，做到“对岗位用心、对工作上心、在岗位担责、为企业奉献”，展现好自我的精神境界、能力素质与工作作风，在改革发展的大环境中激流勇进、实现提升。

内强素质　让企业运行更高效

本次“三定”工作，不管是部门、直属单位机构设置，还是生产单位人员配置，都体现了精简高效这一原则，这是企业适应行业形势变化、进一步提升竞争力的正确选择。作为企业的员工，我们应该不断提升自身能力素质，让工作更高效，积极适应改革带来的变化，在发展浪潮中激流勇进。

爱岗敬业，强化自律意识。做好岗位工作，应该对自己的岗位常怀敬重和感恩之心，把岗位当做实现自我价值的舞台，不断强化自律意识，严格遵守企业的规章制度办事，把思想和行动统一到制度上来、统一到企业的发展上来。同时，在开展岗位作业过程中，要发扬“工匠精神”，严格遵守各项规程，养成良好的职业习惯，形成忠诚守信、恪尽职守、精益求精的工作作风。

苦练内功，适应岗位需求。做好岗位工作，必须要有与岗位相适应的业务技能。企业改革发展的大形势和我厂生产经营的新目标，对每个生产岗位提出了新的要求，同时给岗位职工的能力素养制定了更高的标准。因此，每名职工都应该将学习业务知识、苦练操作技能作为拓宽职业发展的首要任务，持之以恒的学习新知识、掌握新工艺，练就新技能，积极适应设备升级、工艺优化带来的新变化，适应生产的稳定顺行、新产品开发的新要求，磨亮自身业务技能的“金刚钻”。

持续改善，提升指标绩效。做好岗位工作，要善于发现管理、工艺、设备、操作等方面存在的缺陷和不足，深入研析问题产生根源，积极寻求问题解决途径，不断提升工作指标绩效。管理人员要积极查找各项管理制度中存在的不合理因素，探索适应企业改革发展的先进管理方法，持续提升管理水平和绩效。技术人员要发挥专业技术优势，积极查找影响生产效率、产品质量、降本增效的不利因素，开展工艺优化、设备改造，持续提升生产经营各项指标。操作人员要立足岗位、眼睛向内，按照高效化、标准化的要求，积极优化和完善操作方法，增强提效、提质、降本的“软实力”。

携手共进　让成长通道更明晰

本次改革最大的特点就是，变身份管理为岗位管理，根据岗位工作性质及内容差异划分为管理、技术、操作三大序列，并各自细分不同层级，打通三条职业成长通道，建立起系统、科学的员工职业发展体系。这为每一名干部职工划定了清晰的职业发展路线图，每名干部职工可以自主选择成长渠道，自主设计成长历程，明确晋升目标，让自己的职业发展焕发光彩。

全面发展自身，谋划更好未来。三个通道的建立，进一步拓宽了员工发展空间，对肯付出、肯努力、有理想追求的职工提供了更广阔的舞台。文件中明确指出："员工职业发展遵循系统性、持续性与动态化的原则""员工在不同序列之间可以转换"，这就要求干部职工既要精专于本岗位工作，又要涉猎不同序列工作，对照自己的目标追求，主动向更高标准迈进，成为本行业的行家里手，成为本单位的多面手。既要心藏"是金子总会发光"的认知，又要勇于、善于表现自己，以业绩说话，树立威信才干，迎接光明未来。

做好充足准备，等待机会到来。通过学习文件我们可以看到，对各序列各层级的任职条件有了详细的规定，对于干部职工来说，应该从五个方面做好准备：一是学习本领，自身技术过硬，能在工作中独当一面，并具有"带队伍、育人才"的能力。二是考级晋档，自觉参与技能学习，达到高一级评定所需的职业资格证书。三是解决难题，提升绝招、绝技、绝活及处理复杂操作技术问题的能力，在生产过程或技术改造、工艺革新、技术攻关中凸显成绩。四是多参与创新项目，瞄准难点发力，通过技改展现实力，为企业创造"可测算、看得见"的经济效益。五是参与各类平台的比武夺标，线上线下齐发力，争取优异成绩，提高个人品牌价值。在机会来临的时候，使自身满足条件，为晋升评定炼造"开门砖"。

价值引领　让岗位贡献更突出

企业中的每一个岗位都是价值创造点，每一名职工都是价值创造主体。本次"三定"工作，倡导我们树立"岗位靠竞争，收入凭贡献，地位看价值"的正确就业观，将自身发展和企业改革发展紧密联系起来，努力在岗位上创造更大的价值，在拼搏进取中收获更加美丽丰盈的人生。

与企业同呼吸共命运。"具有强烈的事业心、责任感，爱岗敬业，勤勉尽责，勇于担当、甘于奉献，开拓创新精神、市场竞争意识强，履行职责到位，工作业绩突出。"这是各序列、各层级的基本任职条件之一。企业的强大关系我们每个人的切身利益。我们必须责无旁贷，与企业同舟共济、共创辉煌！

尽职尽责比贡献。《员工职业发展管理办法》对各序列各层级的任职条件做了详尽阐述，特别是个人能力和对企业做出的贡献大小，成为能否任职的重要砝码，也为那些在岗位上做出突出贡献的员工进行序列转换、层级晋升打开了通道。全厂干部职工应该以全新的思想、积极的心态迎接改革、参与改革、推动改革，围绕提产增效、提质增效、降本增效等方面，勇于开拓、攻坚克难，为提升企业核心竞争力做出更大贡献。

开拓创新比价值。企业的生命力在于不断开拓创新，在于不断超越和突破。要想创造更高的价值，除了做到尽职尽责外，开拓创新更是永不过时的主题。我们要做到“心有新意”，搞一项管理创新，不仅能提升执行力，还能激发主动性；搞一项技术创新，不仅能解决设备难题，更能带来可观的经济效益；搞一项操作创新，不仅能降低劳动强度，还能促进效率提升。时刻把创新融入日常工作的点点滴滴，围绕生产经营、本职工作，不断寻找突破口，让创新成为习惯动作，为推动企业改革发展、做强做优提供强大支撑。

提高站位　担当拼搏作为

10月中旬，我厂顺利完成了管理7级、8级竞岗工作，各车间、科室及专业管理人员陆续到岗。17名80后业务技术骨干走上管理岗位，占比39.5%，调整后的7级、8级管理人员平均年龄从46.8周岁下降到40.9周岁，本科以上学历占95.3%以上，干部队伍的年龄结构、知识结构得到明显优化，整体素质显著提高。适应企业改革新形势、助力企业发展，除了要具备过硬的能力素质，更要具备担当奉献、勇挑重担的精神，把各自岗位、专业的管理工作做扎实、做精益、做出成效。

新岗位要有新担当。通过竞岗走上管理岗位，既是对个人能力的认可，同时也是对干部的考验和锻炼。因此，管理岗位人员应该牢记组织的嘱托和广大职工的信任，倍加珍惜岗位，奋发有为、勤勉工作、恪尽职守、进取担

当，用实实在在的业绩回报组织、奉献企业；同时，要找准定位，尽快适应岗位，扛起企业赋予的职责使命，牢记初心、砥砺前行，彰显更强的担当。

新岗位要有新作为。竞争上岗的目的是打造能力素质更强、专业技能更优的队伍，让他们在新的岗位上积极作为、展现才能。管理人员要把岗位当做投身改革、推动企业发展的“阵地”，牢记责任、积极作为，为各项工作有序推进“站好岗、守好责”。同时，要持续加强专业学习，丰富知识能力，让自己具备“教练”的能力水平，用更精益的管理方式、更先进的技术手段，提升管理水平和经营绩效。

新岗位要有新业绩。企业持续不断的发展，必须要有良好的经营业绩作支撑，今年，我厂通过学先进、补短板，强管理、提绩效，实现了“质”“效”双提升，日产量连续刷新纪录，产品结构调整取得突破，吨钢增效能力持续增强，改革成效初步显现。作为管理人员更要坚定改革信念、树立必胜信心，学习先进、苦练内功，围绕提产增效、提质增效、结构增效、降本增效等重点，不断在管理方法上、工艺技术上寻求突破，在岗位上创出新的更大业绩。

找准定位　展现自身实力

目前，专业技术岗位的竞岗工作正在有序推进。作为专业技术人员，一方面要找准自身定位，结合实际参与竞岗，另一方面要正确认识“三定”工作，以平和的心态积极参与本次竞岗，以更加昂扬的斗志和求实进取的精神，通过不断学习和实践提升自身能力、展现自身实力。

历练精湛技艺。在山钢集团三季度工作会议上，党委书记、董事长侯军指出，复合型人才总量匮乏，高层次、战略型、高技能人才短缺；专业结构不合理、后备人才出现断层是企业没有建立本质化运营优势的重要原因。因此，专业技术人员要开拓思路眼界，跳出岗位看工作，始终保持勤于钻研的学习精神、创新进取的开拓精神、求真务实的实干精神，争做“能够给客户提供解决方案、能够给客户解决技术问题、能够高效低耗生产产品的创新型专业技术人才”，用业绩和指标展现自我，实现个人价值和企业战略的有机统一。

保持干事激情。激情不仅是一种可贵的工作状态，更是干事创业的内在动力。专业技术人员不仅要善学习，爱钻研，靠知识和头脑武装自己，更要靠汗水和实践成就价值。无论竞岗结果如何，每一名专业技术人员都要摆正心态，把心思集中在“履责干事”上，把本领用在“创业进取”上，始终保持昂扬向上的精神状态，勇于迎接挑战，靠实际作为巩固事业成果证明自身价值，在企业发展的前进道路上留下勇于担当、扎实进取的光辉足迹。

创造不凡业绩。本次专业技术竞岗的原则之一是“人岗相宜、人尽其才”，目的是将合适的人才放到合适的岗位上，以发挥最大作用、创造更大的业绩。广大专业技术人员要牢固树立“岗位靠竞争、收入靠贡献、地位看价值”的思想，正确认识职称与岗位之间的关系，消除“唯职称论”“论资排辈”等观念，把“工作成效好不好、指标是否有提升”作为衡量标准，让业绩与岗位相符、让收入与贡献相符，精于技、勤于业，扎扎实实的做好本职工作，创出不凡业绩。

自强不息　争当岗位工匠

开展“三定”及竞争上岗工作，是企业在改革发展关键时期审时度势迈出的重要一步，是激活岗位潜能、激发干部职工动力、增强企业核心竞争力的重要举措。作为企业的一员，应该积极转变观念、乘势而上，将“三定”作为一次“知优势、找差距、定目标”的“大比武”，通过竞争上岗发现自身优点、找出存在的不足、明确努力的方向，练就适合企业改革发展的过硬本领，让“工匠精神”在岗位上闪光。

树立激流勇进的信心。作为基层职工不仅要认清“三定”工作的重要性，更重要的是树立好正确的人生观、价值观，坚决摒弃过往“铁饭碗”“混饭吃”“得过且过”的思想。要经受得起优胜劣汰机制的洗礼，坚定“是金子总会发光”“机会总是垂青于有准备的人”的信心，不管身居何种岗位都要更加奋发有为，做到“对岗位用心、对工作上心、在岗位担责、为企业奉献”，展现好自我的精神境界、能力素质与工作作风，在改革发展的大环境中激流勇进、实现提升。

积蓄能力提升的恒心。在企业改革发展的大形势下，对每个岗位提出了新的要求，同时给岗位职工的能力素养制定了更高的标准。做好岗位工作，必须要有与岗位相适应的业务技能。因此，每名职工都应该发扬“工匠精神”，以丰富的实践和精湛的技术，来积蓄我们的综合能力，为企业高质量发展贡献力量。

坚定岗位建功的决心。作为基层职工，应该紧盯精益管理、市场化运营等重点，充分发挥熟悉现场、设备、操作工艺的优势，坚持以提高经济技术指标、生产经营绩效为目标，围绕工艺技术创新、产品提档升级、成本能耗降低、指标效益提升等方面，深入钻研业务技能，总结提炼具有科学性、独创性、先进性和具有推广价值的“合理化建议”“先进操作法”等创新成果，持续提升岗位绩效，汇聚基层众智推动动能转换，为企业高质量发展奠定坚实基础。

“三定”及竞争上岗工作只是改革的一部分，随着山钢的不断壮大，我们必将迎来更多的机遇和挑战。广大干部职工任何时候都要积极理解、参与、支持改革，不断增强企业凝聚力和竞争力。

如何抓落实

型钢厂党委

执笔人：刘军生 常骁 王川

随着各层级职代会的陆续召开，2018年，我们面临的形势、任务、目标、措施已经明确。山钢集团公司在年度会上将2018年定为“落实年”，并提出“做好各项工作，重在落实、成在落实”的要求。抓而不实等于不抓。再好的目标、再好的措施，如果不能落到实处，就像镜中花、水中月。如何抓落实？如何将措施落到实处？如何提高抓落实的成效？为进一步统一思想，明确抓落实的方法，树立抓落实人人有责的意识，型钢厂党委编发“如何抓落实”系列微讲坛材料，目的是鼓足干劲，提振士气，确保各项措施在现场落地，实现全年奋斗目标。

树立意识用心抓

众所周知，意识是思想的表现，意识决定行为。抓落实树立意识是关键，用心抓是核心。因此，抓落实首先要从树立思想意识开始，并且要从“用心”抓做起，要在思想认识上进一步提升境界，要切实把“落实”内化于心，植根心底，真正从内心深处主动自觉抓落实、心甘情愿抓落实。今年是全面完成253万吨/年产量任务、迈向300万吨/年产能的攻坚年，是建设“异彩型钢”的关键一年。抓好落实，是当务之急，更是形势使然。我们要以一往无前的韧劲和勇于突破的勇气着力树立好“三讲三不讲”的意识，用心抓好落实。

一、树立“讲大局不讲小集体”的意识

所谓大局，就是格局，就是维度。侯军董事长指出，“要学政治家的境

界，要讲战略家的格局，要有企业家的情怀，要兴实干家的作风。”我们习惯了以往的惯性思维，遇事因循守旧似乎更成为一种常态。新时期，新挑战，必然要催生新格局，我们要跳出工作中的小集体，善于把自己“置于顶层”，推动“升维思考”，讲全局、谋高端，学会以一名“旁观者”的眼光来对待我们的管理与操作，让自己的“小利益”充分融入整条产线、整个组织的大格局，把自己的利益与组织的利益紧密捆绑起来，形成“命运共同体”，用心策划每一项工作措施与具体载体。这样，才会真正扭转我们的工作动机与出发点，才能让“落实”二字脱离纸面，变为行动。

二、树立“讲危机不讲小确幸”的意识

居安，是看现在；思危，是谋长远。虽然小满足可以不断提高我们的成就感、自信心，但是美好的现在，更像是“温水煮青蛙”，会逐渐麻痹我们对于未来严峻形势的思考。2017 年，虽然我们取得了良好的经营绩效，但是同样不能忽略现存的问题，这些问题，依然是掣肘，是羁绊，会影响当前的经营，更会影响未来的发展。因此，我们要时刻紧绷“风险弦”，筑牢基础“防洪堤”，建好基础“钢结构”，通过落实年的推进，把我们的各项措施切实抓牢抓实，做到未雨绸缪，迎接新的挑战。

三、树立“讲实干不讲小聪明”的意识

落实，归根结底要通过行动来体现。侯军董事长说，“喊破嗓子不如甩开膀子，要建立讲结果、不讲如果的执行文化，说了就办、定了就干、干就干好。”这恰恰与我厂“说实话、办实事、求实效、说到做到”的三实作风不谋而合。在异彩型钢建设的关键一年，我们更要讲究大智慧，做好工作落实的研究与分解。我们有些人爱耍小聪明，凡事靠忽悠，靠掩藏，殊不知，“短智”只是小变，“长策”才能革新，唯有革新，措施才能落实，唯有革新，企业才能长存。因此，我们要从点点滴滴做起，从针头线脑做起，把每项工作捋顺、拧实。最后，我们的工作才能形成一股绳，成为支撑型钢创新发展的一股强劲动力。

领导示范带头抓

俗话说得好：“要想跑得快全靠车头带”。解放战争时期，“一个跟我上”是领导带头冲在前，“一个给我上”是让士兵冲锋陷阵。正是这两种不同的领导方式，决定了战争的胜负，正是靠着一句“跟我上”，使我军所向披靡、战无不胜。抓落实更是如此，落实到不到位，关键看领导干部的示范带头作用。领导的号召力、影响力、感召力、向心力，决定着落实的速度、力度。我们所知的领导，不仅包括厂领导、车间科室领导，也包括我们的大班长、小班长、党小组长等，只要各级领导、骨干想在前面，干在实处，一级带着一级干，一级做给一级看，就能确保各项决策部署落地，就能确保全年奋斗目标的实现。

一、要敢于担当，增强责任意识

比认识更重要的是决心，比方法更关键的是担当。敢于担当是党的干部必须具备的基本素质。敢于负责任，才能担重任，敢于担当，才能抓落实。各级领导、骨干是干事创业的中坚力量，更是抓落实的中流砥柱。2018 年，我们面临的生产经营任务异常繁重，不仅要完成全年 253 万吨的产量任务，而且要具备 300 万吨的生产能力。为此，我们各级领导、骨干要紧紧围绕完成全年任务目标，把担当放在心里，把责任扛在肩上，敢于勇挑重担，落实工作职责，抓好措施落实，做到有决策必执行、有责任必担当、有落实必到位。

二、要提升能力，解决实际问题

抓落实，既是一种态度，更是一种能力。抓落实的能力决定落实的效果。新旧动能转换的新形势、精益运营的新要求、生产经营的新任务，对各级领导干部及骨干的素质和能力提出了新的更高要求。为此，提升抓落实的能力，是确保落实效果的重中之重。各级领导、骨干要带头提升能力，按照“缺什么、补什么”的原则，因人而异，因人施教，因地制宜。既要学管理理论，也要学专业技术，更要学上级的决策部署，只有吃透“上头”精神，才能使措施落实到“下头”，增强落实的有效性。提升能力是为了更好地抓落实。在抓落实的过程中，必然会遇到这样或那样的问题，这就需要我们要在能力提升的基础上，聚焦精益运营、紧盯生产一线、解决实际问题，以生产经营绩效的提升，检验抓落实的效果。

三、要说到做到，以上率下

常言道：“喊破嗓子不如做出样子！”各级领导、骨干的典型示范带头作用就是最好的“动员令”！“干部干部，先干一步”，各级领导干部的实际行动就是最好的“宣言书”！习近平总书记说过：“真抓才能攻坚克难，实干才能梦想成真。领导干部要脚踏实地、实干苦干，求真知、说真话、办实事、求实效。”所以，各级领导干部和各级骨干要切实把心思放在现场、把精力用在现场、把功夫花在现场、把问题解决在现场，勇于挑最重的担子、啃最硬的骨头，扑下身子，撸起袖子，干出样子，带头实干，并认真践行“说实话、办实事、求实效，说到做到”的型钢品格，就能凝聚起全厂职工干事创业的信心和决心，就能调动起广大职工的积极性和创造性，就能确保各项措施落实到位，就能实现各项奋斗目标！

突破思维创新抓

“抓落实”是一句老生常谈的话题，大家在抓落实方面有许许多多经验和方法。但是，全球经济一体化的新形势、钢铁市场的新常态、“互联网+”的新模式、生产经营的新任务、改革发展的新矛盾，以及抓而不实、落实不到位等问题，迫使我们不能按部就班，局限于多年形成的思维方式、工作习惯、推进形式，要突破传统的思想观念、打破惯性思维定势，讲究落实的技巧和方法，不断提高抓落实的速度和质量。因此，突破思维创新抓是关键，要主动做到“三个克服”，创新性地抓好落实，全面推动各项工作措施落地。

克服定势思维。2017 年，是国内创新呈现“井喷”式发展的一年，“新四大发明”“互联网制造”等，都把传统的商业与制造业有机的捆绑了起来，形成了“高速、共享”发展的新模式。近期，山钢集团与阿里巴巴集团构建了战略合作伙伴的关系，将逐步推动钢铁制造这一传统制造业实现新的互联网转型。由此可见，外部的变化将会以超乎我们想象的速度来到我们身旁，传统的思维定势，将会对各项工作的推进与落实形成阻力，最终影响工作的绩效。落实到我们的现场，要主动打破思维的僵化，凡事多想想这件事这么做行不行，原来为什么要这么做，那我换个办法再做这件事行不行？这件事这样抓的话，效果是不是更好？100 个点子里，肯定有 1 个好点子，一定要把日常工作做透、干细、弄通，打破以往，革故鼎新，同样的问题，用全新的视角审视问题，将会收获不一样的精彩。

克服传统思维。经常能听到有人说：你那个办法肯定不行，过去我们就是这么做的。试问，为什么不行呢？过去，我们都是在“我注六经”，都是通过不断的学习与总结，才能逐步推演“经书”的内容，但是，型钢发展已经有近 20 年的历史，对于型钢工艺的研究、型钢设备的管理、型钢范式的形成，都已经达到了一个全新的境界，可以颇为自豪的说，我们已经拥有了国内领先的技术知识储备，可以充分依靠自身实力，去型钢市场上分一杯羹。我们要以“六经注我”为目标，全面打造“型钢范式”。要主动摒弃传统的老思路、旧观念，主动适应职工思想观念日新月异的新变化，主动升级我们的管理方式、管理逻辑、管理架构，提高我们日常管理的科学化水平，不断激发出员工成长发展的动力，让新理念影响旧环境，新思想打破旧格局。

克服懒惰思维。企业各项改革措施接踵而至，我们的日常工作延续以往，这就形成了一种矛盾，一种新思想与旧模式的矛盾，一种新理念与老套路的矛盾。安稳守旧、不求变革成为了一种不正常的“常态”，这是我们的懒惰思维在作祟。硬件条件已经决定了我们的基础，但是我们可以通过软件的迭代和完善来促进硬件功能更好的发挥，不要让硬件的“传承”影响了创新思维的发散。所以，面对2018年的新挑战，我们要克服懒惰思想，主动顺应时代变化，更新思想观念，主动结合我们的工作实际，强化布局谋划，统筹思考工作，让改革能够在基层得到落地、延展，让改革成为推动型钢事业不断发展的“发动机”，让企业改革举措在型钢焕发出新的生机与活力。

突破传统，打造新常态，突破自我，实现新跨越。我们相信，在深化推进改革的进程中，型钢人一定能够充分发挥“创新、忠诚、奉献”的型钢品格，直面挑战，勇挑重担，革新观念，创新举措，全面实现型钢发展新跨越。

对接要求逐级抓

抓落实不能脱离上级要求，不能偏离方向目标。随着职代会、政工会的召开，以及配套文件、政策陆续的出台，为各项工作措施的落地提供了强力支撑。落实上级要求，一级有一级的责任、一级有一级的任务、一级有一级的目标。对接要求逐级抓，就是要严格按照上级的战略决策、工作部署、措施要求，并结合本单位实际，逐级落实责任，逐级抓好落实，实现工作目标。

对接要求逐级抓，要落实工作部署。对接要求逐级抓，就是要做到“规定动作不走样”，严格按照“上级部署什么工作，我们落实什么工作！上级强调什么，我们抓什么！”把上级的工作部署在现场落地，并按照各自各级的职责分工，抓好落实。对接要求逐级抓，首先要不折不扣地落实上级的工作部署。全年目标的确定、措施的制定、文件的出台，是型钢厂基于钢铁市场的

研判、是基于上级要求的把控、是基于全年目标任务的分解、是基于型钢生产经营现状分析、是基于全厂职工的利益等诸多因素，系统思考、科学谋划，做出的战略性决策部署，具有很强的指导性和实践性。全厂上下只要按照各项文件要求、各项措施规定，认真、逐项、逐级，不折不扣地抓好措施落实，就能实现全年任务目标。

对接要求逐级抓，要分解工作目标。要在吃透上情的基础上，结合本单位的实际，根据本岗位的特点，把上级的“大目标”“大措施”，变成符合单位实际、切合工作岗位的具体“小目标”“小措施”，对上级安排部署的各项工作目标进行量化、任务细化、责任到人，层层分解，既使目标更有针对性、措施更有可操作性，又促使人人有压力、有动力，并将压力和动力，转化为促进型钢发展的金点子和好办法，促进措施在生产现场落地。通过目标分解，使“大家”的目标和“小家”的目标相统一，厂里的要求和具体的工作相对接、厂里的利益和职工的利益相一致。

对接要求逐级抓，要落实工作措施。一级有一级的责任和任务，从厂领导到车间、科室、班组、岗位都有自己的工作职责。对接要求逐级抓，就是要把上级的工作部署、目标要求，工作措施，变成本单位、本岗位的行动指南、工作目标、工作措施和具体的操作方法，使上级的决策部署在本单位、本岗位落地，并保证工作措施落实的质量和效果。只要一级对一级负责，逐级落实各自的工作措施，逐级完成各自的工作任务，以逐级“小目标”的实现，保证全厂“大目标”的实现。

落实责任分头抓

落实责任是抓落实的有效措施，分头抓是明确任务、责任到人、明确分工的具体要求。一项工作都是有精心策划，确立目标、细化指标，制定措施、安排部署、检查考核等环节组成，而这些环节被赋予了不同责任，需要由不同的人合作完成，这些人又因专业、工种、岗位、技能等不同，需要承担对口的业务和分担相应的责任才能尽其能，展其才。分头抓落实，合力保目标，这是我们日常工作中最常见的方式，不仅有利于责任分解，也是主动发挥个人“跳跳就能够着”的目标达成的最佳策略。

落实责任分头抓，首先要落实责任主体。无论是科室、车间还是班组，一项工作的落实，都要明确目标要求，分清责任主体，合理的利用当前资源，科学的分配工作任务和责任。担责就有压力，有压力就会有完成工作任务的动力和责任心。摊责是令人不情愿的事情，容易发生分责任“张冠李戴”、抓落实“出工不出力”的问题，出现“人人有责人人不负责”的现象。明确责任分担，避免责任分摊，积极鼓励主动承担责任的干部职工，避免干好干坏一个样，真正将责任落实到合适人的肩上。

落实责任分头抓，要建立协同机制。协同作战，分工合作，才能保证措施落地，才能成就工作之美。每个单位、每名职工都有自己的岗位职责，都有各自的任务，分头抓就是要按照各自的职责，做好自己的工作，确保自己负责的工作措施落实到位。但是，分工就意味着合作。分头抓落实就是要围绕一个点，保持一条心，拧成一股绳，分工不分家，团结共进步。一个人的工作能力强，完成的工作又快又好，就要回过头来看看其他同志，发扬“先进带后进”的高风亮节，多担责一点，多奉献一点，保持各项工作齐头并进，实现责任链接无裂缝。暂时落后的同志要及时调整工作状态，改进工作方法，以舍我其谁的勇气，丢不起人的志气，奋起直追，赶上节点，追上进度，发挥协同作战的威力，体现团队进取的精神。

落实责任分头抓，要共享落实成果。分工不仅有利于发挥人的专业技能优势，还能为那些善于思考、敢于实践的人以创新的机会。分是合的前提，分的是责任，合的是效果，聚的是挑战更艰巨任务的责任和信心。在抓落实过程中要克服人的惰性、能力的不足和客观影响等不利因素，坚定克难制胜的信心，不懈怠、不言弃、不扯皮，把压疼的肩膀再挺一挺，把偏离的方向再正一正，咬牙瞪眼深呼吸，步伐坚定不停歇，完成任务，交付责任，分享取得效果，共享成功喜悦。

强化执行督导抓

提升执行力，加大督查力度，是确保措施落地、保证目标实现的重要手段。单靠自觉自律的去落实工作，很容易产生标准的降低、时间的拖延和质量的下降。因此，强化执行过程中的督察指导，抓牢落实过程中的问题解决，对于高质量的完成工作任务部署，改善工作流程，具有十分重要的促进作用。

提出督导要求，明确督导时间。抓工作落实是职责使然，仅靠工作者的自动自发是不够的，还需要加强对整个执行过程的管控，做到监管和落实双到位。这个监管的过程就是要进行督导，应该由提出和部署任务的人来负责。任何一项工作部署的执行落实，都会有相应的督导重点，都需要设定督导时间节点，做到督导始终与工作同步合拍，覆盖工作落实全过程。

深入现场督导，提出改进意见。工作落实的一线在基层、在现场。不论是督导组还是负责人，都必须深入现场，了解工作进度，对接工作要求，比对督导内容，预判落实效果，激发抓落实的动力，推进抓落实的效率。督导人员不能蜻蜓点水、浅尝辄止，只听汇报不解实情，否则，督导效果将会大打折扣，难以保证执行到位，工作有新的进步。抓落实的过程是各类资源重新组合的过程，作为基层落实单元，会遇到各种难题和阻力，制约工作开展和创新实施。督导过程是完成整个落实工作的一个重要环节，同时也是发现问题、指导提高的过程，督导人员要以此为己任，针对反映和查找出的问题给出解决的建议和方法，帮助工作人员协调资源、理顺关系、解决问题，切不可让问题在落实过程中始终存在，成为制约任务目标完成的拦路虎和绊脚石。

总结经验教训，固化制度措施。对完成的工作进行反思总结，积累工作经验，也是督导工作的重点内容。把工作中的好做法、好经验、好模式固化为制度方法，把整改问题的好措施、好办法、创新点总结提炼为机制流程，把遇到的困难，遭受的失误、浪费的损失作为深刻教训，认真分析，剖根求解，将其作为提高工作技能、提升落实效率的制胜法宝，在下一步抓落实工作中就会少走弯路，最大限度地避免同类问题重复发生。

上下同欲全员抓

“上下同欲者胜，风雨同舟者兴。”要真正的把每项工作落实到位，单靠个体的力量是远远不够的，只有全厂干部职工达成共识、形成合力，心往一处想，劲往一处使，上下拧成一股绳，齐心协力抓落实，才能完成全年生产经营任务。型钢持续发展的经验也说明，团结一心、众志成城、同舟共济，就没有克服不了的困难、解决不了的问题，就一定能够夺取全面完成 2018 年各项任务目标的新胜利。

目标一致，思行合一。目标是成功的导向，思想是行动的指南。只要全厂上下目标一致、思想一致、行动一致，就能使各项工作措施落到实处。要想形成上下同欲，全员抓落实的局面，首先要树立“大河有水小河满”的思想意识，围绕厂里的“大目标”制定逐级各自的奋斗“小目标”，形成目标拉动，以愿景目标带动人、鼓舞人、激励人。要形成“上下同欲”的实际行动，各级骨干率先垂范是关键，全员积极行动是核心。全厂各级骨干要继续按照“严的要求、实的精神、高的标准”，以“创新忠诚奉献”的型钢品格，带头抓好措施落实，形成以上带下、逐级落实的良好氛围。职工个体的工作目标要与上级工作目标保持高度一致，实现上有所呼，下有所应，万众一心向着既定的目标前进，真正把各项工作落实好。

协同作战，提升效率。“一支竹篙呀，难渡汪洋海，众人划桨哟，开动大帆船……”这首耳熟能详的歌告诉我们，团结就是力量！协同作战就是要求全厂上下团结起来，相互配合，形成合力，围绕完成全年工作任务的共同目标，携手并肩，共同战斗。一个团队的战斗力不仅要靠个人的力量，更要靠团队的协作配合。加强团结、密切配合、通力协作是我们干好工作的基础、落实措施的保障。全厂职工要进一步增强协调作战意识，提升工作效率，主动去理解上级的意图，明确贯彻落实的方法，抓住事情本质、把握事情规律，在解决复杂问题、攻坚克难上取得成效。只要大家心往一处想，劲儿往一处使，上下同欲，勇往直前，工作效率就能持续提高。

强力执行，落实到位。执行力是确保工作措施落实的关键，是实现工作目标的重中之重。没有强有力的执行，工作措施就不可能落实到位、奋斗目标就不可能实现。各项工作措施是否落实到位，要靠每一位员工的执行力。提高执行力，保证措施落地到位，首先要进一步增强责任感、使命感、压力感、危机感，时刻做到心中有责、手中有活。其次，要进一步增强大局意识、团队意识、创新意识、敬业意识，脚踏实地，真抓实干。只要我们精诚团结，上下一心，共同努力，2018 年的各项工作任务就一定能够完成，奋斗目标就一定能实现！

新时代呼唤“工匠精神”

运输部党委

执笔人：尚和丽

今年公司全面推进“三定”及竞争上岗工作，参与人员之多、涉及范围之广、岗位竞争之激烈前所未有。这次选贤任能，让我们更多看到了企业的优秀分子，他们身上共有的品质就是敬业、精业、奉献。这正是新时代“工匠精神”的具体体现。敬业、精业、奉献，也是我们实现全面任务目标，促进铁路运输新动能培育的力量源泉。

敬业，平凡中的伟大

中华民族历来有“敬业乐群”“忠于职守”的传统，敬业是中国人的传统美德，也是当今社会主义核心价值观的基本要求之一。敬业反映的是职业精神，是践行“工匠精神”的前提。

在我们身边，对敬业精神的传承、践行与弘扬并不少见，有任劳任怨、甘于奉献的“老黄牛”，有精通业务、善于钻研的“大能人”，更有待人友善、乐于助人的“热心肠”。他们各有各的不同，但他们都有一个鲜明的共同点：靠着对职业的坚守和热爱，在平凡的岗位上创造出了不平凡的成就，点亮了自己，也回报了企业。

敬业，首先要履职尽责。企业里的任何一名职工，不论在哪个岗位，不论职级高低，都有着自身的一份责任，这份责任就是尽职尽责、勤勤恳恳履行好岗位职责。要履行好自己的职责，就需要我们时刻将企业当成战场，把岗位当成阵地，要敢于承担起这份职责所带来的风风雨雨，敢于直面这份职责所面临的困难，敢于正视履行这份职责所带来的得与失。这也是一名员工的必备品质。

敬业，就要干一行爱一行。“爱而不敬，非真爱也；敬而不爱，非真敬也。”事实证明，真正的敬业者必然有爱业情怀。对职业的热爱是敬业的深层动力，会燃起我们巨大的工作热情，激发我们奋进的强大动力。无论我们在哪个岗位，担任什么职务，都应该用辛勤的劳动和扎实的工作践行敬业这一朴素而崇高的美德。只要在岗一天，就应当踏踏实实、尽职尽责地干好分内工作，想方设法把工作做到最好、做到极致。

敬业，就要不断增强本领。一个人无论本领多大、能力多强、素质多高，凡事拈轻怕重、应付了事，就很难有所成就。同样，一个人无论多么爱岗敬业，如果认识水平不高、技术能力平平，恐怕也很难取得大的成绩。本领是支撑自身完成使命、正确履职的条件，是担当干事的底气和根基。特别在当前改革转型、新旧动能转换的关键时期，我们每一名职工都应该有本领不够的危机感，以时不我待的精神，一刻不停增强本领，要勤于学、敏于思，以学益智，以学修身，以学增才。要加快知识更新，优化知识结构，拓宽眼界和视野，在实践中增加才干，练就高强的本领。

企业是我们共同的家园，在这个大家庭，需要我们每一名成员都有尽心、尽力、尽责的态度，有明晰的奋斗目标，有足够能力胜任工作，想干事、能干事、干成事，以一股子干劲、拼劲、闯劲，干好自己的工作，让敬业成为实现梦想的动力之源。

练就精业的“金刚钻”

敬业不易，精业更难。如果说敬业是对工作态度提出的基本要求，那么精业则是对工作能力提出的更高一层的要求。精业反映的是职业水准，是践行“工匠精神”的核心。

近两年，央视纪录片《大国工匠》热播，今年我部又层层组织职工观看《大国工匠》纪录片，让我们对大国工匠有了不一样的认识。良工方能成为巧匠。“大国工匠”们在自己的岗位上传承、钻研、专注和坚守，他们对每一个零部件都精雕细琢，对每一道工序都精心打磨，他们个个身怀绝技，都有自己响当当的“金刚钻”。

精业就要有耐心雕琢、精益求精的工作态度。对待工作，不同的态度，决定了不同的成就。有人“当一天和尚撞一天钟”，应付差事敷衍了事，在岗位职责内打转转，日复一日地简单重复；有人“板凳甘坐十年冷”，在生产一线发现问题并寻找办法，在勤勤恳恳的岗位上创新创造。“大国工匠”们尽管从事的是普普通通的工作，但对产品和工艺却有着极致的追求，这需要极致的耐心。艺要精，贵在专。无论身处哪个岗位都需要我们有对工作的耐心细致、精益求精，专注才能深入，才能完成从尽职尽责到勤业精业的跨越，从优秀走向卓越。

精业就要有与时俱进，守正出新的勇气。“大国工匠”凭借丰富的实践经验和不懈的钻研，之所以能够做到“人无我有、人有我优”，不仅在于严苛把关、精心雕琢，更在于在此基础上的突破、创新，工匠的耐心坚守与创新突破，最终指向的都是追求卓越。当今时代，新问题、新挑战层出不穷，更需要我们进一步解放思想，始终以刀刃向内、自我革命的勇气革故鼎新，持续进行观念更新，不为条条框框所缚，不为陈规陋习所绊，把创新作为引领企业发展的第一动力，全方位创新理念，全视角开拓思路，以理念创新引领实践创新。

精业更要有“勤”字当头，锲而不舍的“钻”劲。一方面要“勤”字当头，“业精于勤”“勤能补拙”，我们要时刻保持勤奋努力，不要给自己任何放宽的条件；另一方面还要保持一股“钻”劲，要有一种“绳锯木断”“锲而不舍”的精神，刻苦钻研，精益求精。既要一锤一敲的努力，日复一日的坚守；更要一点一滴的创造，一步一步的进取。在工作上做到每一个步骤都精心、每一个环节都精细、每一项成果都是精品，将工作做到极致、做出境界。

干一行，敬一行，钻一行，精一行，这就要求我们每个人都要在工作中练就自己的“金刚钻”。需要我们多一些“老黄牛式”的敬业实干，多一些“孺子牛式”的勤业奉献，更多一些“拓荒牛式”的创新进取、精进卓越。

让奉献成为一种习惯

奉献，就是对所从事的职业有一种担当精神、牺牲精神，耐得住寂寞，守得住清贫，不急功近利、不贪图名利。奉献反映的是个人品德，是践行工匠精神保障。

古人云：“才者，德之资也；德者，才之帅也。”可见，工匠之才是由工匠之德统领的。德，是“工匠精神”的统领与根本，是“工匠精神”的内涵和灵魂。人有了德之魂，才能立世生存、行之久远。毛泽东说：“一个人做点好事并不难，难的是一辈子做好事，不做坏事。”我们很多员工十几年甚至几十年坚守在同一个岗位，难的是十几年、几十年独具匠心，严谨认真，一心一意扑在工作上。如何去克服这个“难”，最好的方法是养成自觉，形成奉献的习惯。

奉献是真诚自愿的付出行为。无论时代发生怎样的变化，奉献精神永远熠熠生辉，永远是鼓舞和激励人们奋发向上的巨大力量。当前，企业改革转型持续深入，市场化运营力度不断加大，我们更深切地感到，奉献和奉献精神，不能“封存”，不能“告别”。奉献和奉献精神不仅应当是党员领导干部

的自觉追求，同时应当是在全社会大力弘扬的时代精神。我们每个人都要有甘于奉献的价值追求，把“心甘情愿尽职，无怨无悔奉献”的基本素养深深根植于头脑中，坚守岗位，忘我工作，任劳任怨，承载起企业赋予我们的使命责任。

奉献是自我提升的有效途径。明代大儒王阳明曾说：“人须在事上磨，方立得住；方能静亦定，动亦定。”在事上磨，就是在工作实践中运用和检验自己的知识和经验，有针对性地查找并弥补自身的短处和不足。大国工匠无一例外是干一行爱一行的爱岗乐岗者，都是爱学习善学习的，是持续改善、勇于创新的推动者。虽然在解决问题过程中可能有压力、有反复，但是一旦解决了矛盾和困难，自己也就破茧化蝶，得到了全新的收获和提升，重在日常，贵在有恒，成在自觉奉献与担当。

奉献是耐住寂寞的人生境界。“不自为大，故能成其大。”从大国工匠的身上，我们已深深感受到他们不仅有技术传奇，更有人生传奇和精神传奇。他们每个人都有着自己明确的精神价值追求和较高的人生境界，既不满足于一时的成事，也不满足于世俗的所谓成功，而是用生命演绎传奇，体现自己的人生价值，追求自己的人生梦想。在他们身上，我们感受到了一份责任的担当，品味到了一份职业操守的坚持。而对我们，就要学习大国工匠们百折不挠、坚忍不拔的苦行僧精神，以潜心、低调的人生智慧，无私、包容的心胸气度，处理好“舍”与“得”的关系，做耐得住寂寞，经得住磨练，不怕苦，不怕难，锲而不舍，永远在路上的修行者。

摆把整齐　清扫干净　标识清楚　账物相符

型钢厂党委

执笔人：王　川

2018 年，型钢厂围绕现场管理提升，着眼于生产安全、现场整洁、运行高效，持续紧抓以“摆把整齐、清扫干净、标识清楚、账物相符”为核心内容的现场管理工作，切实提升四线现场管理水平，全面改善全厂现场风貌。为深入落实此项工作，在全厂营造“摆把整齐、清扫干净、标识清楚、账物相符”的工作氛围，特编写4篇形势任务教育微讲坛材料。

摆把整齐

一个布置合理的现场，会使我们的生产效率成倍提升。有了高的作业效率，就有了高的产量；有了高的产量，就会创造出高的效益，企业和职工的利益才能有所保证，我们的型钢产品才会有更加广阔的市场。因此，在新的

一年理解好“新”，进而把握好“变”，用“摆把整齐”的新举措换来现场的新风貌，至关重要。

“摆把整齐”促进新变化。当前企业突出的问题不再是“满足基本的生产要求”，而是“不整齐”“不简洁”“不高效”：四条产线之间，产线不同区域之间差距依然较大；既有接近先进“4S”现场管理水平的现场定置，也有相对落后甚至没有任何可比性的现场定置；这说明我们对于现场的规划意识还不够强，追求高效和简洁的愿望还不够大，现场转变发展还处于攻坚阶段。要主动把握现代化企业现场管理的主要特征，推动型钢在实现“整齐”“简洁”“高效”的道路上不断取得新进展。

“摆把整齐”激发新动力。每一条产线，每一个区域都有自己的现状，大家要立足现场实际，提前做好策划，再结合现有条件，在平时的工作中主动去发现优化点，在不断的优化创新中实现现场定置水平的不断提高，要把每一个优化落在实处，不要造成“为了优化去优化”的局面，要在不增加“无谓工作量”的基础上，降低管理和生产成本。要在日常的操作中严格规范自己的作业行为，努力改变原有的不规范动作，建立、培养、强化好的作业习惯，让整个作业流程“简洁”“高效”，让我们的现场管理水平在现有基础上真正上一个台阶，展一下形象，实现“摆把整齐”的目标。

清扫干净

进入“清扫干净”阶段，全厂干部职工要以“瞄准目标不放、站在排头不让”的坚定信心和意志，长期坚持，义无反顾，向细节宣战，促习惯养成，坚决打赢现场“清扫干净”攻坚战。

激发美感，提高意识。“环境优美”是我厂“五优”形象之一，也是一项人人参与、人人创造、人人作为、人人享有的工作过程。工作环境的好坏，影响着职工工作心情和工作质量。要提高认识，落实行动，将爱美之心注入现场，还现场一个原本美丽的真面目。

清扫干净，随手可为。清扫看似简单，却很难持续保持。比如我们的现场还有灰尘、杂物、烟头、油污、废品等现象，现场环境没有得到大的改善。把现场“清扫干净”，是每个人的责任和义务，要理解清扫工作的本质是保证良好的工作环境，清扫就不会停留在表面上，一定能够实现化茧成蝶的蜕变。

改变现状，立即行动。我们是国内一流型钢企业的职工，具备一流的素质，具备把每件事情都做得好、做到位、做到极致的能力。不计较得失，才有持续干工作的动力；不攀比别人，才有主动干工作的激情；不依赖他人，才有干事创业的情怀。改善现场环境，我们有责任，也有信心，定能创造美好的工作环境。

时间是最公平的裁判，现场是最公正的舞台，每个人的角色都会发挥出最大效用，动起来，严起来，赛起来，立即行动，打破现状，展现新风彩。

标识清楚

通过“摆把整齐”和“清扫干净”两阶段的攻坚，我们的现场从边边角角的细微之处到整体环境，都有了较为明显的改观，“四步走”的路程我们已经完成了“前两步”，进入了更加有挑战性的深水区——“标识清楚”阶段。

内容标准规范。现场标识给人提供以提醒、指示、说明、可区分的文字、图表、颜色等标识，这些标识必须规范。否则，带来错误的行动，造成工作被动，降低工作效率。就像道路不设交通线一样，再宽阔的道路大家也难以保持各行其道，也会发生撞车事故。

细节落实到位。标识的关键在细节，内容越详实，作用越显现。但是，整顿的过程需要投入大量的人力，以至于更细致的标识管理未能落地，削弱

了标识的作用。所以，每名干部职工必须强化标识意识，带头自觉地做好标识工作，推动生产现场实现本质的安全化和便捷化，从而提高作业效率。

信息实时更新。随着工作条件的改变，会相应发生变化。因此，要认认真真、仔仔细细地想好每个流程，每个环节，甚至是每个动作，及时进行标识信息的更新，把工作做到细致入微、点滴不漏。

让我们立即行动起来，发挥每个人的能力和智慧，用新思维赋予现场标识创新的内容，推动现场改善取得更大效果。

账物相符

距离2018年结束还有半个月的时间，我们的现场经过前三阶段工作的推进，现场管理持续加强，“摆把整齐、清扫干净、标识清楚、账物相符”的“4S”管理落地生根，成效明显。

意识在前。账物相符，就是要物品与账簿对应。要做到这一点，我们四线各区域的技术人员，尤其是主管设备备件的人员，要有强烈的责任意义，对于损失的备件，要有“咬住青山不放松，一查到底”的决心，管理好自己的区域，做到物账对应。

账物相符。要把所在区域物品细致梳理，做到心中有数。仔细盘点现场备品、油品，列出明细。建立清晰的台账，哪些物品出现了损耗，损耗在什么地方，损耗了多少，都要有清晰的记录。严格把控物品的进出条件，不能出现物品和台账“对不上号”的情况。

更新及时。要及时对本区域的备品备件情况查看和更新，在日常生产顺行时对各种物品的情况勤加关注，对于缺失的物品进行及时提报补充，这样，我们才能在第一时间及时恢复生产，尽量减小或者避免停机带来的损失，持续推动现场管理水平不断提升，为生产经营绩效提升提供坚实保障。

尽责要“多1盎司”

能源动力厂党委

执笔人：张 帅

在《责任胜于能力》一书中，著名投资专家约翰坦普尔顿得出一条很重要的原理——“多1盎司”定律。也就是说，在同等的工作中取得突出成就的人与取得中等成就的人所做出的努力差别很小——只是“多1盎司”，但所取得的成就及成就的实质内容方面，经常有天壤之别。

“多1盎司定律”的确很值得我们学习。在企业这个大家庭里，如果每名职工都能做到爱厂如家，立足本职岗位，尽责“多1盎司”，企业方能做强做优。

“爱心”多1盎司。对待自己热爱的工作，要充分发挥自身潜力，才能产生一种积极向上的原动力。要爱岗敬业，秉承“小活干好干细，大活做实做精”的原则。

“用心”多1盎司。份内的工作要全力以赴干好，发挥自己的聪明才智，开动脑筋多想一些提升工作效率和效益的办法，多提一些合理化建议，多出一些杜绝浪费的金点子等，用心去做好每一项工作，让工作的效率越来越高，让企业的效益越来越好。

“尽心”多1盎司。“尽心”既是一种良好的工作态度，也是良好执行力的体现。要对自己每一天的工作做到预知预想，扎扎实实履职尽责，以每个“小目标”的实现，推动全厂全年任务“大目标”的完成。

“恒心”多1盎司。用心、尽心是体现价值的标准，要爱岗敬业，将这种良好的工作作风持之以恒坚持做下去，养成行为习惯，成为自觉行动。

“多1盎司”需要我们恪尽职守，用实际行动推动企业勇往直前取得新突破，实现新发展！

型钢要领先　我们怎么干

型钢厂党委

执笔人：谭明林

开展“型钢要领先，我们怎么干?”主题大讨论活动以来，中型轧钢车间采取领导联系班组、大班集体组织、小班集体讨论、跨岗协作交流等多种方式围绕生产中的难题出主意、想办法，真正做到把问题摆出来、把短板补起来、把绩效提起来。

要做好工作计划。无论干什么事情，首先要有打算和安排，有了计划，工作就有了明确的目标和具体的步骤，才能增强工作的主动性，减少盲目性，使工作有条不紊向前推进。企业规章制度、标准、计划等都是较为全面和严格的，但从执行的角度来说效果不理想，职工工作积极性和主动性不高，我们要认清形势，只有型钢盈利我们收入才有保证，只有提高认识，按计划执行，工作效率才能提高。

要提高履行职责的能力。矫直调整是我们必须具备的技能，但为什么产量上不来，矫直弯曲改制增多。究其原因，我们的操作技能和应急处理能力都很强，但缺少创新改善能力。在本职岗位上，我们要坚持问题导向，善于创新，勇于创新，敢于创新，通过一系列创新举措让设备稳定顺行，这样质量才能得到保证，才能得到再提升。

要上下工序互帮助。环环相扣才能形成完整的生产线，就拿质量来说，影响矫直弯曲的因素特殊钢材、冷坯混装、加热炉加热不稳定、轧机状态不好、甚至节奏对钢温影响，由于多方面主客观因素的影响，产品质量会发生波动是必然的，但是如果及时联系确认，及时把控节奏，那就会大大降低必然性，才能保证质量合格。

实干兴企。我们要针对岗位问题，通过创新改善，不断解决问题，减少质量异议的发生，提高成材率、定尺率、减少停机时间；通过自身水平的不断提高，以及建立良好的沟通，提前预知各种因素对矫直带来的各种影响，来对矫直机及时的调整，进一步提高产品的市场竞争力，才能为建设“魅力山钢”，增添“异彩型钢”的光彩。

干好工作，关键是对待问题的态度和做法

能源动力厂党委

执笔人： 郑晓莲

在工作和生活中，我们总会遇到各色各样的困难和问题，我们也在解决问题中不断前行。正如一句话所说："有问题不可怕，关键在于对待问题的态度和做法。"对待问题的态度，重要的有三点，就是有担当、肯动脑、主动做。

有担当。任何一个单位都有需要解决的各种各样的问题，我们的工作就是处理和解决问题，解决问题是我们的岗位职责。如果你看到问题却坐视不理、得过且过，那么你对自己的工作就没有明确的认识，更没有承担起工作的责任。对问题视而不见或把问题上交，就是没有尽到责任，就是失职。要树立"困难面前有我们，我们面前无困难""问题到我为止"的理念，责任面前勇于担当，积极主动地把问题解决处理到位，才是一个合格的职工。

肯动脑。要善于思考，分清哪些问题需要请示，哪些问题需要自己独立

解决。对需要请示的问题要认真思考，拿出一套或几套解决方案供上级参考决断，而不是直接推给上级让上级处理。对需要自己独立解决的问题，先要搞清问题的症结在哪里，再寻找解决问题的正确方法。面对同样的工作，采取了不同的方法，取得的效果就会不一样。要忙到点子上，才能高效解决问题，减少无用功。能源动力厂的工作原则讲“做正确事，正确做事，精益求精，追求卓越”，之所以把“做正确事”放在前面而不是相反，就是让我们在处理和解决问题的时候，要在保证方向正确的基础上寻求正确的方法，才能将问题解决的又快又好。

主动做。问题不会在等待和敷衍中消失，拖延越久，问题越多、越严重。一个合格的下属，要学会积极主动地解决问题，而不是等待上级的督促。主动去做，才能一步步解决问题并在解决问题中不断提升自己。同时，我们不仅要积极解决已经暴露出来的问题，还要主动查找问题。要树立“解决问题和发现问题同等重要”“没有问题是最大的问题”的理念，遇到问题多想一步，想深一层，而不是被问题追着跑。当问题的难度和重要性提高时，解决问题也就成了提升自己的机会，自己也就登上了不断进步的台阶。

实干担当　创新作为

运输部党委

执笔人：孙　强

“时代在召唤……”

自幼便听着这熟悉的广播体操旋律。不同时代发出不同召唤，而每个人也都做出了各自的响应，从而构成我们的幸福生活，展现出各自的担当、作为和形象。

进入“做强做优”的新时代，我们的企业从痛苦的低谷到充满希望的攀升，企业新时代的召唤在此刻尤为清晰。

作为企业新时代的党员，要有实干担当的使命感。要牢记党员身份，深刻领悟党的方针、政策，秉承优良传统，勇于冲锋在前，率先实干担当，做新时代的领航人，推进企业高质量发展。

作为企业新时代的党员，要有创新作为的意识。时代在发展，不仅要求每名党员要紧跟步伐，更要勇于创新变革，实现自我超越。党员“跟着走，走老路”的“不作为”思想要不得，必须带头紧扣市场脉搏，紧盯科学发展，紧抓降本增效，大胆创新管理，系统消缺补漏，引进先进工艺，用创新实现快发展，用业绩展示新作为！

作为企业新时代的党员，要有工匠精神的新形象。工匠精神不是少数人的事，更不是一句口号。企业进入“做强做优”的关键时期，想要在激烈的竞争中站稳脚跟，必须在管理中精益求精，细节上一丝不苟，工作中追求卓越。这就需要将工匠精神融入我们的管理、岗位甚至是每名职工的骨子里。作为党员，更是义不容辞的先行者，带头展示工匠形象的践行者，用党性示范引领，用匠心追求卓越！

停止抱怨　积极改变

能源动力厂党委

执笔人：郑晓莲

在日常的工作生活中，大家难免会遇到困难和问题，遭到挫折和失败。这时，抱怨也往往随之而至。抱怨的对象似乎无所不在：对生存环境的抱怨，对社会现实的抱怨，对工作中面临困难的抱怨，对身体疾患的抱怨，对配偶和子女的抱怨等。我们不妨对自己和身边的抱怨现象进行反思，试从“抱怨有用吗”“为什么会抱怨”“抱怨不如改变”三个方面进行分析，或许我们会有积极的改变。

——要反思：抱怨有用吗？

观察和思考一下我们自己和他人抱怨的人或事，就会很显然地感受到：

第一，抱怨不能解决任何问题。无论抱怨与否，问题就在那里，不会因为你的抱怨而消失或改变。就像前几年职工收入减少和今年的“三定”工作，是我们面临的形势，是由企业的效益所决定的，是由企业改革发展的大局决定的，一味抱怨，企业的效益不会增加，我们的收入也不会增加，企业发展的大趋势也不会改变。

第二，抱怨不会使你变得开心快乐。抱怨实际上是放大了你的不开心或不如意，只能使你更心烦。长时间如祥林嫂似的抱怨会招致别人的反感。而且抱怨可能像一个气团，吸引着和你一样牢骚满腹的人，使你的身边缺乏欢乐的气氛和开心的笑容，你会变得越来越不快乐。

第三，抱怨会使你丧失解决问题的动力和最佳时机。用抱怨来替代解决问题，似乎是一种简单的办法。原因既不在我，也就有了拖延和等待的理由。抱怨和等待使问题不断积累，最终可能导致问题更加难以解决甚至无法解决。正如一句格言所说："如果你因错过了太阳而哭泣，那你也将错过群星了。"

——要分析：为什么会抱怨？

第一，抱怨是一种归罪于外的心态。抱怨使我们不能很好地审视自己的问题，遇到挫折或稍有不如意、不顺利，就开始找理由，埋怨这埋怨那，就是不从自身找原因，是一种典型的归罪于外的心态。比如这次"三定"竞争上岗，有些职工没有竞争到期望的岗位而抱怨不满，却没有反思自己的能力素质是不是达到了岗位的需求。

第二，抱怨是一种自卑的心理。有本书中写到，"我们抱怨，是为了获取同情心和注意力，以及避免去做我们不敢做的事。"很多时候我们抱怨环境、抱怨他人，还可能是因为自己缺乏安全感和自信心。在这种心理背景下，我们需要通过抱怨来向外界传递自己是受害者的信息，需要通过抱怨他人来表现自己的优秀，需要用抱怨来为自己的缺点、过失和懒惰找借口。

第三，抱怨是能力水平缺失的表现。抱怨多半是因为事情超出了自己的掌控能力范围，自己不能驾驭。强者不抱怨，能力素质高的人不抱怨，对自己充满自信的人不抱怨。

——要面对：抱怨不如改变。

抱怨是容易的，但抱怨不能使任何事改变。而停止抱怨，用积极的态度去迎接挑战，去面对问题，却需要意志力。那么，怎样才能有一个不抱怨的世界呢？

第一，培养积极的心态。据说，著名书法家于右任家中挂着一副字"不思八九，常想一二"。"人生不如意十有八九"，常想一二，因为境由心生——问题本身都不是问题，如何对待它才是最大的问题。如果不喜欢一件事，就改变它；如果无法改变，就改变自己的态度，不要抱怨。遇事多从自己身上寻找问题，用积极的态度改变我们的生活，用一颗平和的心、感恩的心来处理问题，养成良好习惯，成为一个积极、快乐的人，我们的工作和生活也会变得积极而美好。

第二，立即行动。既然问题不会在抱怨中消失，我们何不尝试去解决它、主动面对它？积极行动起来，一步步解决问题。你会发现，当问题被一个个解决时，自己的能力和水平也在解决问题中不断提高，你会变得自信了、乐观了、心态积极向上了，抱怨自然也就减少了。

第三，充实自己。这包含两个方面的意思，一是要充实自己的知识和能力，俗话说："地里不长庄稼就长草"，说的就是这个意思；二是要充实自己的生活。

努力做个不抱怨的人，要多谈论自己能做什么，而不是抱怨自己得不到什么。学着去积极快乐的工作：星期一不再是黑色，我们又可以投入到创造生活的工作中去；困难和问题是成长的垫脚石，实际上，解决他们，你会收获很多。学着去积极快乐地生活：家人絮絮叨叨的话不再烦人，有人在关心你，在信任你，在依赖你；孩子的调皮捣蛋会让你辛苦几分，但琐碎和负担本身就是一种幸福。正如《不抱怨的世界》一书中所说："停止抱怨，你就已经在通往你想要的生活的路上了。"

不做有孔的“奶酪”

型钢炼铁厂党委

执笔人：刘 莹

在安全生产例会上，刘元意经理以飞机失事为例，给大家分享了意外事故的“瑞士奶酪模型”。这个模型是20多年前提出的，虽然理论已不再新鲜，但对我们今天的工作和生活仍有很好的指导意义，值得全体干部职工认真学习体会，并从中得到警醒和启发。

“瑞士奶酪模型”的主要思想是：瑞士奶酪内部存在许多孔洞。如果把一个环环相扣、精密运行的安全系统比作一摞叠放在一起的瑞士奶酪，那么每一片奶酪都代表着一道安全防线，而奶酪上的孔洞就是潜在的系统漏洞。多数情况下，大部分不安全因素会被某一片奶酪拦下，但如果一摞奶酪的孔洞恰巧连成了一条可以穿透的通道，整个防御系统就会瞬间失效，意外事故也就发生了。

模型并不复杂，道理也很浅显，但却隐含着事故发生的深层次根源。从表面上看，是一摞奶酪上孔洞的偶然相连引发了事故，只要降低偶然发生的概率即可，但究其根本，是每片奶酪上大大小小的孔洞，为各种危险的长驱直入创造了最原始的条件。正如飞机失事是天气恶劣、信号故障等多种因素连续累加所造成的，我们身边发生的每一起事故，也都是制度落实不到位、习惯性违章、监督缺位等多种问题联合作用的结果。正是各个层面在行为做法上潜在的一个个“孔洞”，才让整个安全防御系统变得千疮百孔、溃弱不堪，从而导致了层层把关、层层失守。

我们是如何把自己的工作做成了有孔的“奶酪”？思想是行动的指引。“有孔”的行为源于“有孔”的思想。我们扪心自问：在执行安全操作规程时，是否存在图省事、怕麻烦的侥幸心理？在违章作业没被发现并受到考核时，是否会暗自庆幸、沾沾自喜？在排查治理安全隐患时，是否会马虎大意、得过且过？在监督检查作业行为时，又是否会姑息纵容、下不为例？这些看似无关紧要的想法，或许一次、两次不会产生致命的影响，但它们正像一只只蝼蚁，在我们的工作大堤上筑穴打洞。迟早有一天，我们会为自己的盲目乐观和麻木短视来买单，而这个单可大可小，小到不起眼的一点罚款，大到整个职业生涯甚至是生命的昂贵代价。

“命若琴弦，而灾难只是幽潜，从未真正走远。”意外虽有“天意”但缘起于人为，人性虽有弱点但可弥补于主观能动性的发挥。只要我们牢记祸患常积于忽微，树立起如履薄冰的忧患意识和“我的安全我负责”的严防死守意识，以“零容忍”的态度不折不扣、履职尽责地干好本职工作，就能在本质化安全生产的道路上迈出坚定有力的一步，从而为企业的持续健康发展和我们的美好幸福生活筑牢坚实的根基。

干字当头 狠抓落实

焦化厂党委

执笔人：陈立朋

在2018年集团公司年度工作会议上，党委书记、董事长侯军指出：2018年为“落实年”，做好各项工作，重在落实、成在落实，落实就要踏石留印、抓铁有痕。归根结底，求真务实才是硬道理，狠抓落实才是真功夫。

当前集团公司正处在滚石上山、爬坡过坎的关键时期，尤为需要发扬“钉钉子”精神和保持“马上就干”的劲头。常言道：“一分部署，九分落实。”各级干部职工必须认清形势，统一思想，提高站位，胸怀全局，明确责任，不驰于空想，不骛于虚声，全力落实会议精神，准确领会部署要求，不断增强责任意识和担当意识，坚决摒弃松口气、歇歇脚的松散思想，彻底根除敷衍了事“口头落实”、打折变通“不全落实”、推诿拖沓“还在落实”等执行不力的问题。“喊破嗓子不如甩开膀子。”如今“任务表”“路线图”已经绘制，只待干部职工真抓实干去落实。要实现既定目标，就要“咬定青山不放松”“一门心思抓落实”，就要靠实干抢抓机遇、靠实干赢得信任、靠实干推动发展，就要注重从具体行动上抓落实，多用脚底板去履职，切实在优化生产组织、加快新旧动能转换、深推内部市场化运营上下功夫，在倒逼挖潜、节流增收、指标提升上见成效，做到办法在一线产生、措施到一线落实、问题在一线解决，促使广大干部职工养成精益管理、精准操作、精密点检、精心维护的工作习惯，提升精益改善、创新创效的意识和能力，争做“运营转型、精益管理”的坚定推动者，从而打造成本竞争的比较优势，塑造转型升级的特色品牌，增强改革发展的内生动力。

为者常成，行者常至。踏上新征程，唯有以想抓落实的自觉、敢抓落实的担当、善抓落实的能力，撸起袖子加油干，一步一个脚印走，一锤接着一锤敲，方能精准发力、持续用力、稳扎稳打，全力以赴推进各项措施落到实处，实现生产经营新突破。方能一鼓作气、乘胜追击、步步为营，积小胜为大胜，积跬步至千里，不断向着做强做优的宏伟目标迈出新步伐。

在岗位中践行“工匠精神”

运输部党委

执笔人：谭 鹏

央视播出的《大国工匠》纪录片中讲述了高凤林等八位普通劳动者的鲜活事迹，他们凭靠过硬的技术，用自己灵巧的双手创造了一个又一个奇迹，而他们的成功之路不是上重点高中、进名牌大学，而是追求职业技能的完美和极致，靠着传承和钻研，凭着专注和坚守，成了一个领域不可或缺的高技能人才。

莱芜分公司作为省内最大的国有钢铁企业，肩负着山东省新旧动能转换“走在前列”的历史使命和责任担当。任务艰巨，使命光荣。我们唯有在本职岗位中践行“工匠精神”，用精湛的技术、创新的手段、一流的业绩来推动新旧动能转换不断加速、加力。

践行“工匠精神”，要专注敬业。专注敬业是一种崇高的精神，我们要脚踏实地，勤奋务实，以高度的责任感和使命感投入到工作中，把智慧和力量

发挥在想干事、能干事、多干事的“一亩三分地”上，不贪多求快，不好高骛远，不眼花缭乱，用“踏石有印、抓铁有痕”的标准，将工作做到极致。

践行“工匠精神”，要精益求精。一线工作环境条件艰苦，往往做的是枯燥、重复的工作，我们绝不能抱着差不多、过得去的心态去对待，要时刻保持耐心、细心和决心，将工作做到极致、产品做成精品，才能收获那份踏实感和成就感。

践行“工匠精神”，要坚守初心。干工作就像工匠求艺那样，一定要耐得住寂寞，稳得住心神，经得住诱惑，坐得住“冷板凳”。要坚持不抛弃、不放弃，一步一步推进，一点一点积累，实现由量变到质变的跨越。

践行“工匠精神”，要不断创新。凡在某一领域能成为佼佼者的，无不通过勤奋学习、兼收并蓄、传承创新，练就出了过硬的本领。我们只有通过不断学习，努力掌握理论知识才能在实际工作中实现创新；要把创新当成发现问题、解决问题的一种能力，用责任和担当推动各项工作不断精益求精。

当前，企业正处在做强做优、加快新旧动能转换的关键时期，培育和弘扬严谨认真、精益求精、追求完美的工匠精神，对于建设制造强企具有重要意义。而只有对新时代“工匠精神”的基本内涵形成共识，才能树匠心、育匠人，为推进中国制造的“品质革命”提供源源不断的动力。